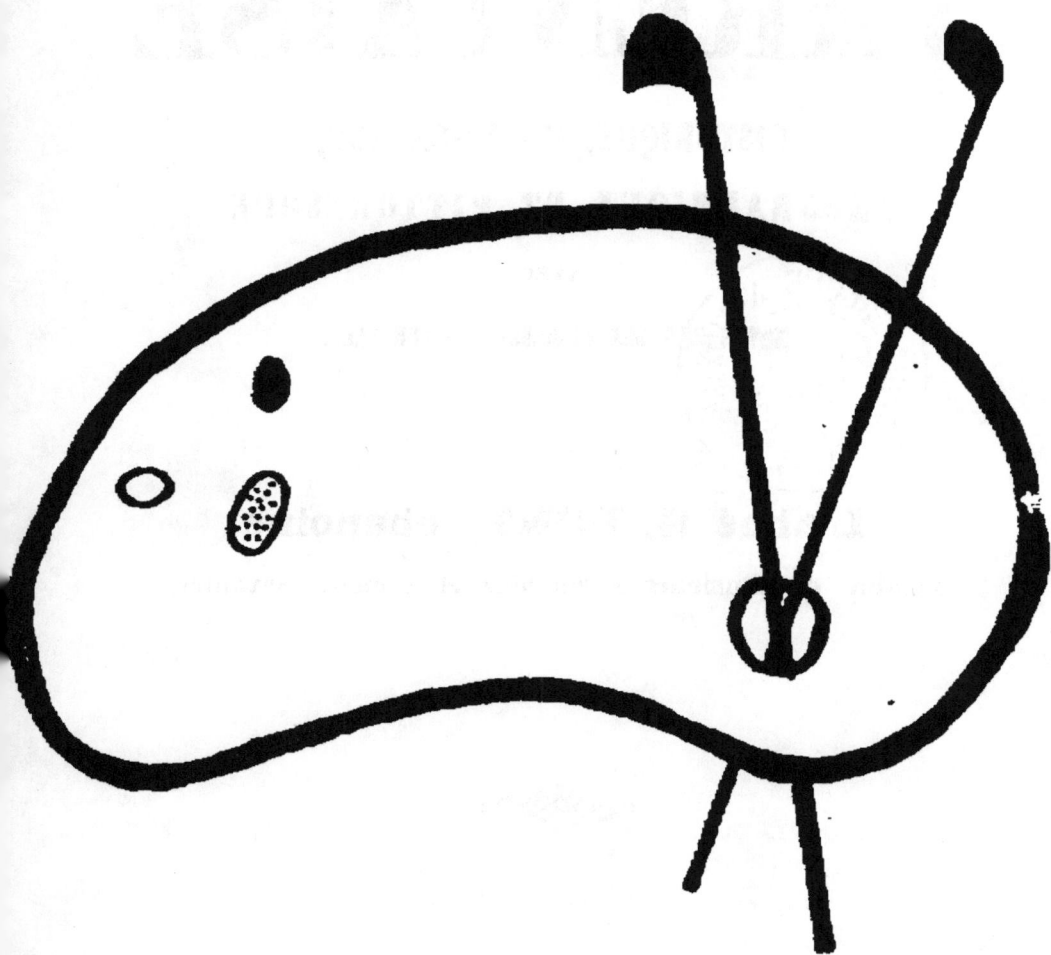

DEBUT D'UNE SERIE DE DOCUMENTS
EN COULEUR

LA
TARENTAISE

HISTORIQUE, MONUMENTALE,
OROGRAPHIQUE ET PITTORESQUE,

AVEC

NOTES SUR SES RICHESSES NATURELLES.

PAR

L'abbé G. PONT, chanoine

Membre de plusieurs Académies et Sociétés Savantes.

MOUTIERS
IMPRIMERIE MARC CANE
1876.

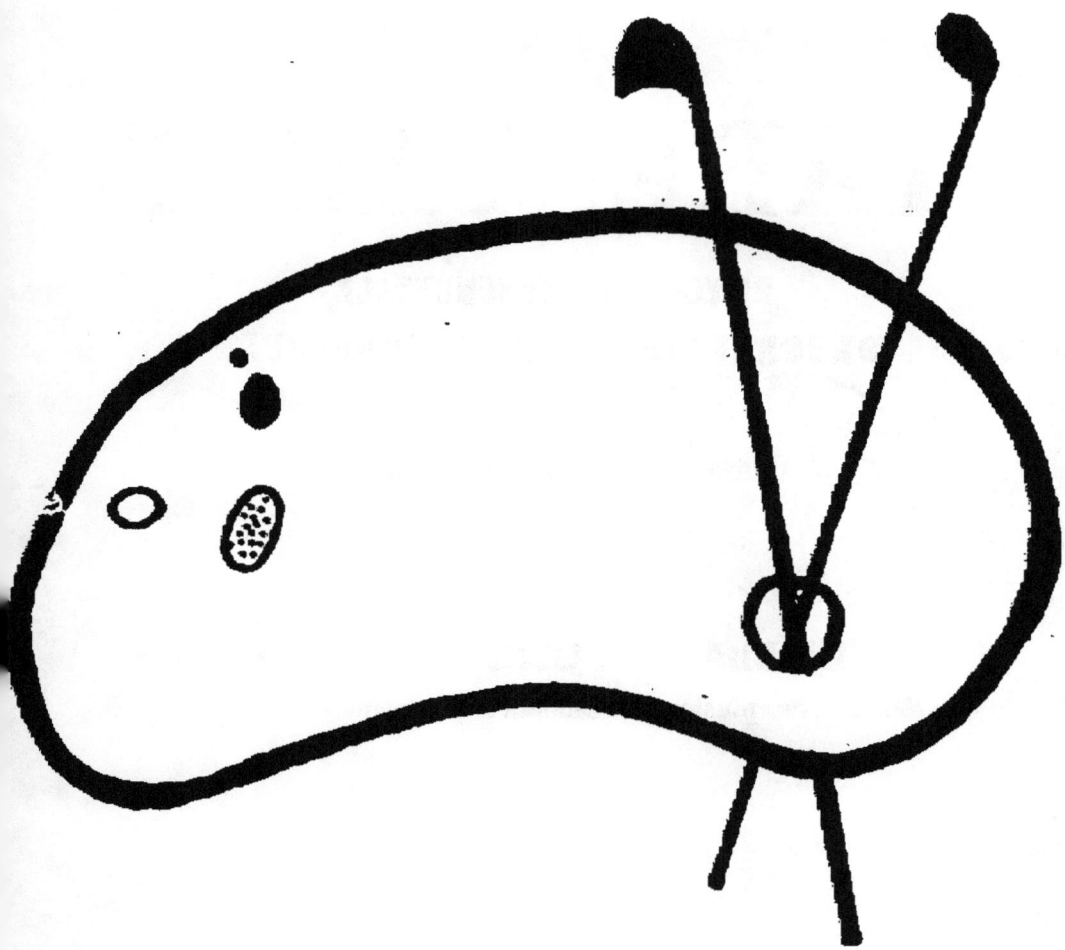

FIN D'UNE SERIE DE DOCUMENTS
·N COULEUR

LA
TARENTAISE

HISTORIQUE, MONUMENTALE, OROGRAPHIQUE ET PITTORESQUE,

AVEC

NOTES SUR SES RICHESSES NATURELLES.

PAR

L'abbé G. PONT, chanoine

Membre de plusieurs Académies et Sociétés Savantes.

◦◦◦

MOUTIERS
IMPRIMERIE MARC CANE
1876.

Au Lecteur

Né en Tarentaise, nous l'avons étudiée à loisir; nous avons interrogé ses monuments, dessiné ses vallées, suivi le cours de ses rivières, gravi le flanc de ses glaciers et calculé ses richesses.

Notre travail a été fait avec calme et impartialité. Indépendamment de nos recherches, nous avons largement profité des conseils qu'ont bien voulu nous fournir nos amis.

L'œil du touriste ne sera pas trompé, ses appréciations ne se déduiront que de la vérité des faits. La Savoie n'a rien à envier à la Suisse, sa voisine. *Les nombreux étrangers qui viennent chaque année visiter nos Alpes, demander la santé à nos Eaux thermales, nous rendent pleine justice, et admirent les vastes panoramas de nos contrées. Les Alpes dit un écrivain célèbre, sont l'AUTEL de l'EUROPE. Evidemment l'âme grandit au milieu des grandeurs, et les méditations prennent un caractère sublime, proportionné aux objets qui nous frappent. L'âge avancé s'y affermit, s'y associe à la nature et salue les grandes ombres qui tombent des monts ; et, les âmes neuves encore, qui n'y sentent que l'aurore et l'aube, si ouvrent à des joies charmantes de tendresse religieuse et sociale. Nos récits n'ont rien emprunté à la légende, ni aux opinions excentriques nécessairement liées au roman.*

CHAPITRE PREMIER.

DÉNOMINATION PRIMITIVE DE LA TARENTAISE
—KENTRONS—LIMITES DE LA KENTRONIE—
LANGUE — TARENTAISE.

Les savantes dissertations, des ressemblances
de formes et de mœurs, les révélations de la
philologie comparée, permettent de rattacher
avec assez de vérité, les peuples européens
aux peuples aryens qui sont les Perses et les
Indous.

On est cependant forcé d'admettre, antérieure-
ment à l'arrivée des aryas en Europe, l'existence
d'une race humaine rapprochée par son type
de la race ouralienne. Les découvertes récentes
de la science nous la montrent fixée sur le sol
européen à une époque qui dépasse toutes les
prévisions de l'histoire.

La classification moderne affirme que les ouraliens, premiers occupants du sol gaulois, correspondent à l'âge de la pierre. Une première émigration de la race aryenne, laquelle paraît se rapporter aux Pélages de l'antiquité et à l'âge du bronze, vint expulser ces ouraliens, et parfois se les assimiler.

A ces mêmes âges de la pierre et du bronze correspondent aussi les Ombriens, les Galls ou Gaulois primitifs ; jusqu'au temps de la guerre de Troie. Une invasion qui suivit celle-là et que l'on pouvait appeler phrygienne et cymrique importa le fer en Europe. Cette importation est le point de départ des idées historiques. Les Cymriques réunis aux Galls, dans nos contrées, formèrent le peuple Gaulois et constituèrent cette puissante nation qui subsista jusqu'à la conquête de la Gaule par Jules-César.

César dit en parlant de ces peuples ; « ils s'appellent Celtes dans leur langue ; dans la nôtre nous les nommons Gaulois. »

Une horde cymro-bryge qui s'était arrêtée en Allemagne, vers la forêt hercinienne, refoulée par l'arrivée de nouvelles hordes envahit la Gaule orientale, s'arrêta dans le Bugey, le Dauphiné et la Savoie, au milieu d'anciennes populations galliques, ombriennes, ligures et pélagiennes. Cette invasion avait eu lieu au vi° siècle avant l'ère chrétienne.

Les premiers habitants de la Tarentaise jusqu'à leur conquête par César-Auguste étaient appelés kentrons, leur pays, kentronie. En dehors des allobroges les deux versants des Alpes étaient occupés par de petits peuples qui vivaient libres comme l'air qu'ils respiraient, et se distinguaient par un esprit de fierté et d'indépendance que l'on retrouve toujours chez les peuples montagnards.

Pendant que Jules-César poursuivait le cours de ses conquêtes dans les Gaules, ces peuplades indomptables l'inquiétaient dans sa marche ; mais ne pouvaient aucunement compromettre l'existence politique de Rome ; il se contenta de s'ouvrir un passage par la force des armes, sans chercher à les soumettre ; les petits peuples alpins ne pouvaient rien ajouter à sa gloire. La conquête des Gaules était l'unique but de ses héroïques efforts.

Sous le règne d'Auguste toute la vaste chaîne des Alpes était soumise à l'empire romain. Le Sénat fit élever en mémoire de cet événement un monument colossal où figurent les noms de ces peuples, à l'exception des Kentrons qui eurent l'honneur de ne pas être attelés au char triomphal d'Auguste, parce qu'ils n'étaient pas définitivement soumis lors de l'érection du trophée de la Turbie.

Quelle est l'étymologie du mot Kentron? M. L. Morin, professeur d'histoire à la faculté de Rennes nous écrit que le mot Kentron est indubitablement celtique et signifie aiguillon, éperon et désigne encore ceux qui se servent de l'éperon, de l'aiguillon; il ajoute que les peuplades celtiques portaient un nom significatif, exprimant une qualité, et non point un nom topique.

M. Pictet de Genève a bien voulu nous répondre ce qui suit ;

« Le *C* gaulois est néo-celtique a toujours et

partout la valeur du *K*, et l'on prononçait sans aucun doute Kentrons, forme qui se trouve d'ailleurs dans Ptolomée, III, 1, et Strabon IV, 284, etc.

Zeuss, dans son excellente *grammatica celtica*, page 53, et 744 compare l'ancien irlandais *Kinter*, éperon, armoricain *Kent*, ayant la même signification. Le cornique *Kentar*, signifie clou.

D'après cela *Centrones*, primitivement *Kentrons* formé comme Santones, Pictones, Redones, etc. désignaient des cavaliers portant des éperons. »

Puisque le *C* gaulois est néo-celtique a toujours et partout la valeur du *K*; on a faussement donné le nom de *Centrons, Ceutrons*, aux premiers habitants de la Kentronie. Les romains, dit Pelloutier, ont substitué le *C* au *K Centrons, Ceutrons*, dont la prononciation est plus douce et plus harmonieuse. C'est la réflexion de E. Le Héricher, de Romache, du Méril et Charles Nisard etc.

M. Gachard, archiviste général de Belgique et M. Piot savant antiquaire de Bruxelle affirment qu'il n'y a aucune communauté d'origine entre les Kentrons de Belgique et de la Tarentaise.

Les limites de la Kentronie comprenaient la Tarentaise, les vallées de Beaufort, de Flumet, de Megève, de Chamonix, jusqu'à la Forclaz, s'étendaient au Bas-Vallais et aux Alpes-Grecques (Petit St-Bernard). Au midi les Kentrons avaient pour voisins les Allobroges ; leur limite était une ligne suivant la crête des montagnes des Têtes, des Aravis et du Mont Charvin qui séparent la vallée de l'Arly du bassin du lac d'Annecy, et ensuite une portion du vaste massif des Beauges, jusque vers Miolan. Ce qui résulte d'une inscription publiée par M. Allmer. (1)

Quand les Romains conquirent les Gaules la langue celtique y était dominante, dit Charles Nisard. La Kentronie devenue province romaine, s'appela Tarentaise; elle reçut diverses dénominations civiles et administratives. Sa langue fut profondément modifiée par la langue officielle. Quelques rares expressions celtiques nous restent encore comme souvenirs de notre origine.

(1) Mémoire de la Société Littéraire de Lyon, 1866.

CHAPITRE II.

MOUTIERS—SON ORIGINE. — SES MONUMENTS — SES
— INSTITUTIONS.

Moûtiers, capitale de la Tarentaise, chef-lieu
d'arrondissement, doit probablement son origine
au monastère construit par Saint-Jacques, premier évêque de la contrée, sur l'emplacement
de l'ancienne bourgade centronique de *Darentasia, Dorentasia* ou *Tarentasia*, devenu plus
tard la cité romaine connue officiellement sous
le nom de *forum Claudii*, sans pourtant cesser
de conserver son nom primitif parmi le peuple
alpin. Cette cité disparut sans que l'on sache
précisément ni à quelle époque, ni par qui, ni
comment elle fut détruite. On présume toutefois
qu'elle a dû périr au v⁰ siècle, soit par des ensem-
blements de rivières, soit par les hordes des

Barbares, qui à cette époque, se jetèrent sur les Gaules.

Gontran, roi de Bourgogne fit la cession du territoire de Moûtiers à Saint-Jacques ; les évêques, ses successeurs continuèrent d'en jouir jusqu'en 1337, époque où Aimon le pacifique, comte de Savoie, appelé pour défendre les droits épiscopaux, s'en empara. Il rasa les murailles, abattit les portes et les tours et ne laissa à l'archevêque, Jacques de Salins qu'une souveraineté dérisoire ; plusieurs immunités furent en même temps accordées aux habitants. Déjà Charlemagne avait érigé l'évêché en archevêché.

Cette ville occupe les deux rives de l'Isère, reliées entre elles par deux ponts, dont le principal, le pont de Saint-Pierre, est orné de quatre obélisques tronqués. Des maisons élégantes, à galeries et balcons sont construits sur deux quais de récente création. Une place au centre de la ville est le point de convergence où se rencontrent, voyageurs, voitures, négociants venant de diverses directions ; rien de plus animé, de plus actif, de plus compacte.

Là, se trouvent hôtels, cafés, auberges, marchands, fournisseurs en tous genres. Une autre place s'étend sur la rive gauche de l'Isère et la route de Salins; les platanes touffus y attirent les promeneurs et réservent un abri sûr aux bazars que les circonstances de foires et de fêtes y improvisent.

La cathédrale fut bâtie vers l'en 450 par Saint-Marcel, successeur de Saint-Jacques, ruinée par les sarrasins, elle fut reconstruite en 1461. Ce monument composé de plusieurs styles est surtout remarquable par le chœur de la chapelle de Sainte-Marie, et le porche principal, qui offrent d'intéressants échantillons de l'art ogival.

Sur la façade extérieure on lit en caractères gothiques l'inscription suivante :

« Jésus

« L'an du Seigneur 1461.

« Cet ouvrage a été fait par Maître François « Cir at Latomus pour lequel le chapitre de « cette église sera tenu de faire chaque année « à ses frais un anniversaire le lendemain de

« la fête de Saint-Pierre, patron de la cathédrale,
« avec célébration simultanée de quatre messes
« pour le repos de l'âme du dit François, de
« Jacquemette, sa femme et selon leurs in-
« tentions particulières. Cet ouvrage a été fait
« en exécution des ordres du Seigneur cardinal
« De Arciis. »

On lit dans la vie de Saint-Pierre II qu'il existait à Moûtiers une pieuse coûtume qui se maintint depuis le xiiᵉ siècle jusqu'à la Révolution. Il s'agit d'une aumône sous le nom de *pain de Mai*, consistant en une distribution de pain aux pauvres de toute la contrée, faite, chaque jour du mois de mai, à l'une des portes du palais épiscopal. L'institution de cette aumône est due à la *Dame Blanche*, surnom d'une princesse de Savoie, dont le véritable nom est resté inconnu ; elle habitait le château de Salins, s'étant concertée avec Pierre II, qui occupait le siége épiscopal de Tarentaise, elle consacra une grande partie de sa fortune à fonder la célèbre aumône du *pain de Mai*.

Les édifices les plus remarquables sont

l'évêché, la Sous-Préfecture, le Palais de Justice.
Ces deux derniers édifices ne le cèdent en rien
aux monuments de même genre des grandes
villes, l'ancien bâtiment des Mines dont la
haute Tour carrée rappelle un temps déjà
éloigné de nous. Napoléon 1er avait créé, en
vue de faciliter l'étude des richesses minéra-
logiques en Savoie, une école pratique des
Mines et un magnifique cabinet de minéralogie.
Malheureusement, cette collection a été transportée à Turin, au détriment de Moûtiers et des
savants étrangers.

Le grand séminaire possède une bibliothèque
aussi riche que variée, le petit séminaire un
fort joli cabinet de physique. L'œuvre de l'ex-
tinction de la mendicité par le moyen de secours
à domicile a rendu au travail les bras voués à
l'oisiveté et assuré aux pauvres invalides un
entretien qui ne fait jamais défaut.

Les écoles primaires sont tenues avec distinction par les Frères de la Croix et les Religieuses
de Saint-Joseph.

Moûtiers possède une Académie sous le nom

d'Académie de La Val d'Isère, un Club Alpin dont l'objet est de vulgariser l'étude des sites les plus remarquables de nos montagnes, les faire aimer et connaître aux étrangers, une Société du titre de *Société Générale de la Tarentaise* récemment établie ayant son siége principal à Paris. Elle s'occupe avec la plus grande activité de tout ce qui intéresse le progrès industriel du pays, surtout des Eaux termales de Brides et de Salins. Avant peu nos Thermes révaliseront avec *Spa* et *Bade*. Il existe aussi un cabinet d'histoire naturelle que M. Crud enrichit chaque jour de nouvelles collections. La population est de deux mille babitants. La ville loin d'être perdue au cœur des montagnes est gracieusement encadrée par une série de collines circulaires qui forment la corniche d'un ravissant paysage.

A l'orient s'élève une haute montagne qui force l'Isère à décrire un coude prononcé. Cet le Mont-Gargan, ou plutôt le Mont-Saint-Michel ou des Cordeliers, couronné par un énorme rocher crevassé, nommé le *Roc du Diable*. Au pied de cette montagne, sur une terrasse naturelle, agrandie et aplanie par le travail de l'homme, existait un modeste prieuré sous le vocable de Saint Michel. Après maintes vicissitudes, ce prieuré fut transformé en un couvent de Cordeliers de la régulière observance. Les religieux y formèrent une riche bibliothèque ; on possédait une édition imprimée par Jean Faust 1462 qui fut vendu au prix de 10,000 livres et déposée à la Bibliothèque Royale.

Le domaine des Cordeliers fut vendu au profit de l'Etat. Mgr André Charvaz, ex-précepteur des princes de Savoie, dernier possesseur, l'a cédé au diocèse de Tarentaise entre les mains de Mgr Turinaz en 1863. La donation fut approuvée par décret impérial de 1864. L'ignorance et la malignité ont étrangement travesti la vie cénobitique des Cordeliers.

CHAPITRE III.

DE MOUTIERS A BOURG-SAINT-MAURICE
(Bassin de l'Isère).

SAINT-MARCEL—SA FORTERESSE—LESDIGUIÈRES—
VUE PITTORESQUE—ANTIQUITÉS—DÉTROIT DU
SAIX—TUNNEL—CENTRON—VILLETTE.

A Moûtiers commence la haute-Tarentaise; la vallée bien resserrée dans certain passage, est généralement plus large, plus riche, plus peuplée que la Basse-Tarentaise dont nous parlerons plus loin.

La petite plaine qu'occupe Moûtiers se termine à une grosse scierie, dernière maison de la ville d'où l'on sort par une jolie avenue de peupliers. Cette avenue, longeant l'Isère et le pied des rochers où l'on a planté quelques parcelles de vignes, se prolonge par les hameaux de la Saulcette et de la Pomblière, jusqu'au village de Saint-Marcel, adossé au roc Pupim et dominé par les ruines de l'ancien Châteaux-Fort de Saint-Jacques ou Saint-Jacquème.

Après avoir fondé la ville de Moûtiers, Saint-Jacques songea à bâtir une forteresse assez rapprochée de son siége épiscopal pour s'y abriter au besoin contre les entreprises des ennemis et mettre en sûreté les vases sacrés, les reliques des saints, les chartes et les trésors de son église naissante. Il édifia cette forteresse sur le roc Pupim, aujourd'hui Saint-Jacquème.

Au mois de janvier 1387, l'archevêque Rodolphe de Chissé fut assassiné dans cette forteresse avec ses chanoines et tous ses domestiques. La voix publique imputa ce crime à deux membres de la famille de Montmayeur de Briançon, auxquels on attribuait la pensée de tirer vengeance d'une excommunication prononcée contre eux par l'archevêque, à raison de certains scandales qu'ils avaient commis. Mais il fut impossible de trouver aucune preuve contre les accusés.

Lors des guerres du xvi° siècle, le château Saint-Jacquème fut pris plusieurs fois. Une garnison française y séjourna tant que dura l'occupation de la Savoie par la France. Lesdiguières le canonna et s'en empara ; dès cette époque datent sa ruine et son abandon. Une pièce de petit calibre échappée aux mains des artilleurs français, tombant dans le gouffre de l'Isère laisse voir sa bouche béante dans les basses eaux.

L'église de Saint-Jacquème est la première qu'ait et été bâtie en Tarentaise l'an 426 ; Saint-Jacques a eu jusqu'en 1793, 82 prélats dont soixante archevêques. L'évêché a été rétabli en 1825 et compte dès lors cinq évêques. Le bréviaire mentionne un fait approprié aux mœurs d'un peuple encore livré aux superstitions païennes. Pendant la construction de l'église un ours s'élança sur un couple de bœufs qui charriaient les matériaux destinés à cet édifice, et dévora l'un de ces pacifiques animaux. Saint-Jacques survint aussitôt, et ordonna à la bête carnassière de prendre la place du bœuf dévoré.

Une main aussi téméraire qu'impie a récemment effacé cette légende convertie en fait, par la croyance de tout un peuple pendant quatorze siècle.

Qui oserait nier la puissance de Dieu ? La destruction des bois, la culture des terres, les routes multipliées ont fait disparaître depuis longtemps les derniers vestiges des animaux sauvages.

De Saint-Jacquème, on aperçoit sur les larges et hauts plateaux, bornant l'une et l'autre rive de l'Isère les clochers pointus qui percent les massifs des arbres sous lesquels se cachent les villages de Notre-Dame du Pré, où les comtes de Villette exploitaient jadis une mine de fer spatique, de Montgirod dont l'église renferme de jolis détails appartenant à l'architecture ogivale fleurie, celle de Saint-Marcel qui possède un bénitier très-ancien et très-curieux.

A droite, de l'Isère, sur l'ancienne route existe une grotte produite par les sédiments que déposent les eaux qui suintent de la montagne. Les dépôts ont formé là une quantité d'ornements imitant des penditifs, culs de lampe, colonnettes, etc. Une statue de la Vierge, placée dans ce sanctuaire, fait l'objet de la dévotion de chaque voyageur. Une cascatelle, divisée en plusieurs branches, ajoute à la grâce de la perspective.

En sortant de Saint-Marcel on entre dans le bassin des Plaines, qui en s'étranglant de nouveau forme le détroit du Saix, nom emprunté à un énorme rocher, *saxum*, ainsi désigné dans les anciens cadastres de la commune de Montgirod. L'Isère court rapide entre les escarpements abruptes, vertigineux de ce gigantesque rocher. La voie romaine longeait le lit de l'Isère. Victor-Amédée III fit ouvrir ou réparer la route qui contourne ces abîmes, le millésime 1766 inscrit sur la pierre le constate. Annibal eût à refouler un ennemi redoutable qui l'y attendait. Les restes d'une redoute élevée pendant la guerre de la révolution, et occupée par le général Dessaix, en 1814, rappellent les combats que Piémontais et Français s'y livrèrent à ces diverses époques.

L'ancienne route est abandonnée, un tunnel d'une élégance, d'une solidité qui honorent le oiseau qui l'a ouvert, transporte délicieusement le voyageur de Saint-Marcel à Centron, vieille cité de la Kentronie; plaine célèbre où Annibal rencontra d'héroïques guerriers qui osèrent lui disputer le passage, quand il traversait les Gaules pour la conquête de Rome. Cette ville, chef-lieu de province, fut engloutie sous un éboulement. On découvre, sur l'une et l'autre rive de l'Isère des ruines considérables enfouies sous un amas de sable et de graviers de plus de vingt pieds d'épaisseur. Ce n'est plus qu'un petit village.

De l'autre côté du Nant d'Agot on entre à Villette, remarquable par ses marbres, lie-de-vin avec noyaux blancs dont l'exploitation était anciennement considérable; on la compare au porphyre et on le désigne sous le nom de *brèche de Tarentaise*. Les localités environnantes fournissent également un marbre renommé surtout le cipolin de Longefoy qui présente, sur un fond bleu, des veines serpentineuses d'un vert foncé, celui du détroit du Saix est un gris-perle veiné de bleu.

Villette était une seigneurie des archevèques de Moùtiers, inféodée par eux aux seigneurs de Villette, famille illustre qui se fondit dans la famille non moins illustre de Chevron. Le vieux château seigneurial remplacé par la maison des missionnaires de Sainte-Anne, s'élevait sur un rocher qui domine le village, la chapelle seule a été conservée. Primitivement c'était une forteresse qui sous les Kentrons et les Romains défendait cette vallée. Le nom de l'abbé Martinet fondateur principal des Missions de Tarentaise ne périra pas.

A un demi kilomètre de l'établissement de Sainte-Anne, on traverse le nant de la Tour, monument disparu ; on jette un coup d'œil à la jolie cascade de Charvaz. Sur les rives de l'Isère s'élèvent des rochers d'une prodigieuse hauteur inclinant sur le fleuve, l'un s'appelle le *sault de la pucelle*, ainsi nommé du saut que fit une jeune fille pour se soustraire aux poursuites de son seigneur auquel elle refusait opiniâtrement de se livrer ; haletante et désespérée, ayant sous ses pas son impitoyable persécuteur qui allait la saisir, et préférant la mort au déshonneur elle s'élance dans l'abîme et tombe sans blessure sur la berge opposée ; les bords de la rivière sont pleins d'anfractuosités cachées sous des buissons touffus où le touriste est fort en danger de tomber. Nous longeons la base des collines où s'assied le village de Tessens, après avoir visité la carrière d'ardoises et les vestiges de fortifications qui l'avoisinent.

CHAPITRE IV.

AIME — SES MONUMENTS ANTIQUES — SES INSCRIP-
TIONS ROMAINES— MOYEN-AGE — SAINT-MARTIN
SAINT-SIGISMOND—VUE PITTORESQUE.

Nous entrons à Aime, *forum Centronum* sous les Romains, *Axima* au moyen-âge. *Les Antiquités* en 93. Aime est la ville la plus riche en antiquités : c'est un véritable musée archéologique. On y a trouvé de précieux débris d'anciens monuments et de pierres épigraphiques. La plus remarquable de ces inscriptions rappelle en très-bon vers, un vœu du proconsul Pomponius-Victor. Très-ennuyé sans doute de sa résidence au sein des Alpes, il s'adresse à Sylvain et implore sa protection pour être rappelé à Rome et dans les plaines de l'Italie.

Nous en donnons la traduction :

« Dieu des forêts, qui est à demi-clos dans
« un frêne, et qui est le souverain protecteur
« de ce petit pays élevé, pendant que je suis le
« dispensateur de la justice et que j'exerce les
« droits des Césars, nous voyageons dans les
« vallées et au milieu des habitants de la mon-
« tagne des Alpes, conduits par ta lumière bien-
« faitrice, tu te hâteras par ta faveur de nous
« garantir de tout danger. Tu ne nous aban-
« donneras pas, et tu nous reconduiras à Rome
« moi et les personnes de ma suite. Fais aussi
« que, sous tes auspices, nous puissions revoir
« les campagnes d'Italie. Je dédie dès à présent
« mille grands arbres. »

Ces inscriptions sont enchassées dans les
murs soit des diverses maisons ou de vieux
monuments, soit dans la chapelle Saint-Sigismond et l'église Saint-Martin. On remarque
surtout celle du proconsul Mallius; une autre
élevée par les Centrons aux mânes de Priscillius;
une troisième en l'honneur de l'empereur Trajan, fils de Nerva, après la conquête des Daces;
les deux premières se voient dans l'église de

Saint-Sigismond, la troisième celle que nous venons de rapporter se lit dans l'église Saint-Martin.

Cette dernière église est entièrement bâtie de matériaux romains; matériaux que l'on croit provenir d'un temple de Diane et d'un arc triomphal élevé en ce lieu à la mémoire de Trajan. Les débris du temple, surtout, se trouvent là en si grand nombre que cette circonstance a enduit en erreur quelques savants qui ont considéré l'église chrétienne comme le temple païen lui-même.

Jadis prieuré, l'église de Saint-Martin, bâtie au xii° siècle, sur une crypte antique, affecte le style romano-bysantin et montre un abside crénelée très-remarquable. En vue de sauver cette basilique précieuse à tant de titres, l'Académie de La Val d'Isère vient d'en faire l'acquisition de ses propres deniers. Des fouilles opérées dans la crypte ont amené la découverte de nouvelles inscriptions romaines et de plusieurs tombeaux du moyen-âge, les tombeaux, en pierre, renfermaient des squelettes noyés dans la terre glaise, que l'on y avait coulée liquide lors de l'inhumation des cadavres.

A deux pas de cette vénérable basilique se trouve un ancien donjon qui dépendait d'un château de Montmayeur. Çà et là dans le bourg, d'autres ruines féodales, remparts et tours, en montrant leurs fragments noirâtres, témoignent de l'importance que le bourg avait autrefois. Des souterrains, la plupart comblés aujourd'hui, reliaient entre elles les diverses parties des fortifications. On distingue encore aujourd'hui le souterrain qui de la crypte de Saint-Martin conduisait jusqu'à la tour de Saint-Sigismond au-dessus du bourg. Il paraît prouvé que la cité romaine disparut au v° siècle, par le fait des inondations de l'Isère et des torrents qui sillonnent la vallée.

A l'entrée du bourg, au sommet d'une colline rocheuse, s'élève la chapelle Saint-Sigismond. Là, des croix, des ex-voto rappellent la piété que manifestèrent les habitants, lors que le choléra sévissait contre eux en 1853. Un escalier taillé dans le roc, et montant du bourg à la chapelle, porte l'empreinte du genou de Saint-Jacques; l'apôtre de la Tarentaise. Gravissant le sentier, il fit un faux pas, le rocher s'amollit, comme la cire sous l'action de la chaleur.

L'endroit le plus intéressant de la ville se trouve à l'extrémité orientale, un pont en charpente, un torrent fougueux formé par la réunion de l'Ormente, du Combazel et du Locrant, des usines aux grandes roues, des maisons à galetas, la vieille résidence du Maney avec ses tours rondes et ses tours carrées, la flèche élancée de l'église, des bouquets de verdure et une avenue de beaux arbres, tout cet ensemble constitue un tableau pittoresque.

A gauche du bourg d'Aime, aboutit le chemin muletier de Beaufort, par la Côte, la Thuile, Granier et le Cormet d'Arêches, la distance à parcourir est de huit heures. En face sur la rive opposée de l'Isère s'ouvre le chemin qui se dirige sur Bozel, à travers le mont Jovet, par les cols des Etroits et de la petite Fourclaz ; on y rencontre trois jolis villages, Bonnegarde, Macôt, Sangot, formant la commune de Mâcot, monuments druidiques.

CHAPITRE V.

USINE DE MACOT — MONTVALEZAN — LES CHAPELLES — BELLENTRE — PEISEY — NOTRE-DAME DES NEIGES — HAUTEVILLE.

Après trois heures de montée, on arrive au pied même des cols, à la célèbre mine de Mâcot qui fournissait du plomb argentifère. L'exploitation régulière de la mine date de 1807, mais deux vastes fastes sembleraient indiquer qu'elle était connue dès la plus haute antiquité. Depuis quelques années, après avoir passé des mains de l'Etat dans celle de l'industrie privée, les travaux ont momentanément cessé. La Société Générale de Tarentaise reprendra les travaux d'exploitation en même temps qu'elle régularisera les galeries souterraines de la mine de Peisey. Deux vastes galeries d'une date inconnue, taillées à la pointe où sont alignées des chambres d'une prodigieuse dimension semblent prouver qu'elles ont été faites pour extraire le minerai que la montagne renferme. Quelques archéologues pensent que les galeries, les chambres ont été faites pour servir de retraites aux premiers chrétiens persécutés. On y trouve des débris de poterie, des lances en fer, des hâches, etc.

Au mont Saint-Jacques, près du village de Bonnegarde se voient encore les traces d'un camp d'observation établi par les Espagnols lors de leur occupation de 1742 à 1749. Au delà d'Aime on a quitté les défilés et les rochers ; la vallée s'est élargie ; on chemine sur une route ombragée, ayant à gauche un côteau où se montrent les derniers vignobles de la Tarentaise. On est attristé par l'étude d'une vaste étendue du sol qui compacte et sans crevasse glisse insensiblement vers le bassin de l'Isère, phénomène qui se montre à Notre-Dame du Pré ; l'église qui se voyait à peine depuis la plaine, il y a vingt-cinq ans, apparait tout entière aujourd'hui.

La vallée d'Aime à Bourg Saint-Maurice est

couverte de prairies et de céréales. Les villages y sont ensevelis sous les arbres fruitiers. Les femmes portent une coiffure appelée frontière, ayant une certaine analogie avec la coiffure Marie Stuart. L'anthracite abonde dans toute la vallée. Des exploitants habiles réaliseraient une immense fortune ; car la qualité est supérieure à la plupart des mines connues.

En moins d'une heure, et par un pont très élégant, on arrive à Bellentre dominé par sa tour qui servait aux anciens seigneurs ; tout auprès était un château appartenant à la famille des Montmayeurs, dominé par la commune de Montvalezan. Dans cette église on remarque un tableau très curieux, représentant un prêtre assailli par des corbeaux qui veulent lui arracher les yeux. d'Après la tradition, ce prêtre avait subit cette punition, parce qu'il se permettait la chasse le dimanche. A l'Est se disséminent les hameaux des Chapelles, patrie du cardinale Billiet, archevêque de Chambéry.

De l'autre côté de l'Isère, voici Landry village dont la situation est délicieuse. A l'ombre des

sapins et de mélèzes, on arrive au village de
Peisey, dont l'église et les châlets offrent un
coup-d'œil pittoresque. Après une heure de
marche, on atteint les bâtiments des mines,
situés au fond d'une gorge, sur la lisière de
sapins clair-semés, au-dessous de l'oratoire de
Notre-Dame des Neiges et des glaciers de Belle-
Tête qui descendent jusque-là. Les mines de
Peisey furent découvertes, ou plutôt largement
exploitées par une compagnie anglaise en 1714.
Le minerai qu'elles donnent est un plomb
argentifère à grain très fin. En 1760, la compagnie à qui ses bénéfices avaient excité bon
nombre d'envieux, se vit évincé de ces mines
par un arrêt de la Chambre des Comptes de
Turin. Une compagnie savoyarde lui succéda
en 1793. Le possesseur, M. de La Tour-Cordon,
ayant émigré en fit passer la propriété à l'Etat.
Napoléon Ier, créa à Peisey une école pratique
des Mines. Reprise par le gouvernement Sarde
après 1815, l'exploitation fut livrée à une société
particulière, qui voit ses travaux momentanément suspendu, par suite de l'inondation de la

plupart des galeries. Ses produits annuels ont varié de 120 à 130 mille francs ; le minerai est intrinsèquement beaucoup plus riche que celui de Mâcot, mais dont les filons ont une moins grande puissance.

Ont voit à la chapelle de Nant-Croix un tableau représentant la *Madeleine* repentante, chef-d'œuvre de l'école italienne, légué par un enfant de la Savoie à son village.

Toutes les jeunes filles en quête d'un mari, tous les jeunes garçons désirant une femme se rendent en pèlerinage à Notre-Dame des Neiges, suppliant la Ste-Vierge d'exaucer le vœu de leur cœur, leur humble prière obtient toujours son effet.

En face du village central de Peisey, la vallée se divise en deux branches, où sont tracés les difficiles sentiers de Bozel, par le hameau du Cher et du Bosse et la grande Forclaz ou par Plantery et le Val Gerel; ceux de Tignes, par les Lanches, la Cula et le col de la Turna, ou par la Croix-des-Crêtes et le Col de Palet.

Entre Bellentre et Bourg-Saint-Maurice, sur

la rive gauche de l'Isère, apparait le village de Hauteville, accompagné du grand et du petit Gondon, de Mont-Veny et autres hameaux dispersés çà et là, au milieu des prairies sur la lisière des bois, ou adossés à d'immenses rochers. Çà et là, à la croisée des chemins, à l'entrée des combes, sur les cols, on trouve des moës, lechs ou murgers, remontant à l'âge celtique, et rappelant soit quelque événement sinistre, soit quelque cérémonie druidiques, espèces de termes sacrés; ils servent généralement de délimitation entre les communes. De ces monuments mégalithiques, les plus remarquables, sont : le dolmen de Planvillard sur Moûtiers; la *pierre qui vire*, sur le col du Palet; et un menhir, entre Hauteville et Villaroger.

CHAPITRE VI.

BOURG-SAINT-MAURICE — CHATEAU — INONDATION
—EAUX MINÉRALES— CHAPIEUX — CRAMONT—
—MONT-BLANC—RICHESSES.

Placé au pied du Petit-Saint-Bernard, non loin de l'emplacement de *Bergintrum*, au centre de belle prairies parsemées d'arbres à fruits, Bourg-Saint-Maurice est une commune considérable où se fait un grand commerce en miel, fromages, cuirs, pelleterie, mulets, poulains, genisses, chèvres et moutons ; on y voit fonctionner plusieurs martinets, moulins, battoirs et scieries. Ce village fut brûlé totalement pendant les guerres de la Révolution. Repoussés du Saint-Bernard, les français s'y retranchèrent ; mais ne pouvant s'y maintenir, ils battirent en retraite sur le détroit du Saix, où ils établirent des redoutes, essayant d'arrêter les Piémontais.

On voit encore dans ce bourg quelques débris de fortifications du moyen-âge ; le château sur la colline ; la tour, près de l'Isère. Les deux portes d'entrée et les ramparts ont disparu depuis longtemps. De l'ancienne église on n'a conservé que le clocher, qui s'élève isolé à côté de l'église moderne. Celle-ci est a fronton et a péristyle ; l'autre qui appartenait prémitivement au couvent des religieuses de Sainte-Claire, fut affectée au service de la paroisse à la suite de l'événement que voici :

En 1630 et 1636, le torrent Arbonne, du Nantet et de la Bourgeat ravagèrent la vallée et engloutirent la partie du bourg où se trouvait l'église paroissiale. Il y eut tant de graviers et de décombres amoncelés, que l'église fut recouverte de telle manière qu'on ne voyait plus le sommet du clocher. Chaque année le 22 septembre, jour de la fète patronale, toute la population se rend en procession solennelle vers une vieille croix de bois, plantée sur l'amas de graviers, entre Arbonne et le bourg. D'après la tradition, corborée d'ailleurs par les procès-verbaux des syndics, relatant cet événement désastreux, on érigea cette croix au lieu même où se trouvait l'église.

La tour qui est près de l'Isère, fournit aussi les preuves de l'exhaussement du terrain, la porte d'entrée est maintenant enfoncée à une dixaine de pieds de profondeur. L'antique station de Bergintrum, maintes fois ravagée par les inondations ainsi que le constate une inscription légendaire rappelant que l'empereur Lucius-Verus avait établit plusieurs digues pour maintenir les torrents dans leurs lits, disparut aussi au ve siècle sous un amas de matériaux charriés par ces mêmes torrents.

L'Arbonne, le Nantet et la Borgeat descendent des montagnes du Grand-Fond, des Arpettes, de Darbeley et de la Grande-Berge, par les Combes, de Lancevoz, de l'Eilletaz et de Chapine.

Dans la Combe d'Arbonne existent les ruines d'un établissement où l'on exploitait autrefois les eaux d'une source jaillissante au pied d'un énorme rocher salifère, distant de deux heures de Bourg-Saint-Maurice. Après l'enfouissement des sources de Salins, les princes de Savoie songèrent au rocher d'Arbonne, et l'on obtint, en effet, un sel pur et assez abondant pour les besoins du pays. Mais, l'épuisement des forêts, les éboulements, la ruine de l'usine emportée par les eaux, l'engorgement et la rupture des conduits, les frais considérables qu'occasionnait la fabrication du sel dans cette localité ; enfin, et surtout la reprise des travaux dans les anciennes sources de Salins, firent abandonner cette exploitation vers le milieu du xve siècle. Depuis cette époque elle fut pourtant reprise deux fois, mais sans succès, par deux compagnies particulières.

A une demi-heure de Bourg-Saint-Maurice, dans le coude rentrant que décrit la vallée de l'Isère, la Versoie débouche, tortueuse et sauvage, de la gorge de Bonneval. Elle est alimentée par les neiges et les glaciers du Bonhomme et de la Seigne, qui relient le Petit-Saint-Bernard au Mont-Blanc. Le gros donjon du

Châtelard et les deux tours moins importantes de Savoirou et de Rochefort défendent l'entrée de la gorge, au pied de ces fortifications, datant de la féodalité ; on y a exhumé des médailles de Sévère et de Claude-Néron.

Les voyageurs qui de cette partie de la vallée, veulent se diriger dans la vallée de l'Arve, dans le Haut - Faucigny fréquentent ce chemin, quelque abrupt qu'il soit. Après une heure de marche, on arrive à la jonction du nant des Chapieux et de la Versoie, au pont de Bonneval, dans un endroit où l'on a dernièrement découvert deux sources minérales, l'une froide, l'autre chaude. Ces eaux ont une odeur très prononcée d'œufs punais. On les emploie contre les maladies de la peau et les douleurs rhumatismales. Le prix du bain est de vingt-cinq centimes. Par un fait encore inexpliqué, la source froide s'est tarie en 1871.

Le hameau des Chapieux, situé dans une combe plus élevée que la précédente dépend de la commune de Bourgt-Saint-Maurice ; pour y arriver y faut longer des rochers schisteux, dénudés et rabougris, dont chaque crevasse, chaque fissure, remplie d'une neige qui persiste parfois toute l'année donne naissance à autant de ruisseaux fangeux. Stérilité complète, vue bornée, aspect sinistre! A l'extrémité de la traversée, un oratoire dédié à Saint-Jacques et quelque châlets constituent le hameau de Chapieux. Deux châlets servent de bureau et de logement, soit au receveur de la douane, soit aux dix hommes composant la brigade de Bourg - Saint - Maurice, jusqu'aux premières neiges; les Chapieux sont sur la zône du *pays franc*. Il s'y tient sur la fin de la saison une grande foire à moutons.

Des Chapieux, on se rend à l'ouest dans la vallée de Beaufort, dans les châlets de la Fange et le Cormet de Roselin; dans la vallée de Notre-Dame de la Gorge (nord). par le châlet de la Raya, et le col du Bonhomme; à Cormayeur en Piémont, à l'est par le col de la Seigne et l'Allée-Blanche. Ce sentier conduit aux châlets de l'oratoire et du Mottet, où l'on trouve un semblant d'hôtel. On accède bientôt au col des Fours et de la Seigne, sur les sommets du Cramont, ouvert entre le petit Mont-Blanc et le Petit Saint-Bernard. Sur la face occidentale on lit *France*; sur la face orientale, *Italie*. La vue du Mont-Blanc est infiniment plus belle, plus imposante que du côté de Chamonix, où les glaciers ont moins d'inclinaison, et où les montagnes qui s'appuient à la base du massif, en dérobent le sommet; tandis que du côté du Piémont, le massif plonge verticalement, et sans soutien de continuité dans les profondeurs de l'Allée-Blanche.

La vallée de l'Allée-Blanche et la vallée de Veny, creusée au pied de ces nombreux glaciers où prend naissance la Doria-Riparia, offre jusqu'à Cormayeur une désolation sans exemple. Dans ces parages éloignés on trouve des bouquetins, animaux qui ont déserté les autres parties des Alpes.

Bourg-Saint Maurice, (842me) compte une population de 2597 habitants; il n'offre rien de curieux pour l'archéologue; mais le minéralo- giste et le botaniste peuvent avec intérêt parcourir ses montagnes. On trouve dans les gorges d'Arbonne, des filons de cuivre argentifère, de plomb, d'anthracite, de fer ooligiste et spathique, d'or même, des terres refractaires, de la magnésie, de la tourbe, des terres alumineuses, des carbonates et des sulfates de chaux d'une beauté remarquable. La source minérale des Mottets du pied de la Seigne, est alcaline et gazeuse.

CHAPITRE VII.

VAL DE TIGNES.

SÉEZ — SAINTE-FOY — VILLAROGER — LA GURRAZ —
LES GORGES — LES BREVIÈRES — TIGNES —
CARACTÈRE DES HABITANTS — LA VAL — LAC DE
TIGNES — COL DU PALAI — GLACIERS DE THURA
OU MONT-POURRI — COL DU PALET.

Quatre kilomètres séparent le Bourg Saint-
Maurice de la commune de Séez ; on traverse le
pont jeté sur la Versoie, celui de la Recluse qui
dévale avec fracas du Petit-Saint-Bernard, et
forme en cet endroit une chûte magnifique.

Séez, gros village bien bâti possède une église
romane d'un très-beau caractère. Au mur exté-
rieur est encastrée une pierre tumulaire représentant un guerrier dont les pieds et la tête

reposent sur des lions. C'est un des anciens seigneurs de La Val d'Isère, dont le château est occupé par le bureau de la douane. Lors des guerres du Piémont avec la France, les parties belligérantes se disputèrent toujours vivement la possession de ce village. En 1730 le prince Thomas de Savoie qui avait évacué le fort de Briançon et toutes les possessions intermédiaires, établit à Séez de fortes barricades. Poursuivi par l'ennemi, il se hâta de se réfugier en Piémont.

L'ancien chemin du Saint-Bernard, dont la montée commence à Séez, n'était autre que la voie prétorienne des Romains. Pavé en certains endroits de larges pierres plates, il passait alternativement de l'une à l'autre rive de la Recluse; il fut fréquenté jusqu'au moment où raviné, détruit en partie, les princes de Savoie firent tracer un autre chemin sur la rive gauche. Depuis l'annexion, ce chemin a été abandonné en faveur d'une nouvelle route doucement ménagée. Un service de voiture publique permet de traverser la montagne avec toute la facilité désirable.

Suivant la voie romaine, arrivé à Villard-dessous, on traverse la profonde Recluse sur un pont de bois très-élevé. Les pentes ont fait place à un joli plateau tout verdoyant, animé par les châlets de Saint-Germain qui occupent l'emplacement d'une station romaine, *Alpes Graiæ*, selon la table du Peutinger. Son nom actuel lui vient du saint évêque d'Auxerre. Ce prélat s'y arrêta lors d'un voyage qu'il fit en Italie, en 448. De l'autre côté du torrent, à l'endroit de la vallée d'où il sort, apparaissent des masses informes de gypses blanchâtres. De Luc, Schaub etc. ont reconnu la Roche blanche dont parle Polybe, et auprès de laquelle Annibal se porta pour protéger sa cavalerie et ses bêtes de somme, pendant qu'elles montaient au point culminant du passage.

Au delà du village et du bois carré, les sapins deviennent plus rares au fur et à mesure que l'on monte, puis disparaissent tout-à-fait. La nature revêt une sombre physionomie; on entre dans une combe appelée le *Creux des morts*, à cause des nombreux accidents survenus en ce lieu à des voyageurs. Des croix plantées sur la place où gisent les victimes des éboulements des avalanches, et des torrents furieux, donnent à cette combe l'aspect d'un vaste cimetière. Après avoir franchi la branche de la Recluse qui descend du Mont-Rossa, non loin d'un pont fortifié autrefois par les Sardes, on rejoint la nouvelle route à l'entrée d'une combe supérieure où l'on trouve d'abord un modeste hôtel; puis l'hospice du Saint-Bernard (2,206 mètres). On compte quatre heures pour arriver jusque là, en suivant tantôt des tronçons de la voie romaine, tantôt les coursières qui en abrègent les contours; par la nouvelle route, il faut le double de temps.

Le col du Petit-Saint-Bernard, ouvert entre le Mont-Valezan et le Mont de Lancebranlette ou Lenta de la Rossa, est le passage le plus facile. Nul doute que les Gaulois ne l'aient pratiqué, lors de leurs fréquentes expéditions en Italie. Ce serait par là que l'hercule grec venant de l'orient en occident, aurait franchit la chaîne alpestre. Un écrit fort remarquable que nous avons étudié, l'a presque établi avec certitude.

On y montre encore un endroit, connu sous le nom de cirque d'Annibal. Un fait irrécusable, est que les Romains créèrent sur ce col une *mutatio* ou un *hospitium*; soldats et voyageurs y trouvaient un abri et des provisions. On parle même d'un *fanum* et d'une *columna* érigés l'un et l'autre en l'honneur de Jupiter, sur les débris d'un cromlech gaulois. Plus tard, les Sarrasins auraient installé là un campement; enfin sur toutes les ruines accumulées, Saint-Bernard, de Menthon (Savoie) établit cet hospice, au dixième siècle; en mémoire de ce fait si important, le nom de Saint-Bernard, *mons sancti Bernardi minor*, se substitua à celui d'*Alpes Græcorum*, de *Saltus Graius*, de *Mons-Herculi* et de *Columna Jovis*.

Cette maison religieuse fut longtemps desservie par les religieux de l'ordre de Saint-Bernard. En 1742 elle fut incorporée à l'ordre militaire et religieux des SS. Maurice et Lazare, qui l'entretient à ses frais et y donne annuellement abri et nourriture à près de 10,000 voyageurs. Les pauvres y sont reçus gratuitement;

quant aux riches, depuis 1860, un hôtel voisin dépendant de l'hospice fournit à leurs besoins.

La frontière italienne englobe aussi l'hospice, que la République et le premier empire avaient laissé à la France.

On y élève une certaine quantité de chiens dressés à chercher et à guider les voyageurs surpris par la tempête.

Pris et repris pendant les guerres de la Révolution, tantôt par les Français, tantôt par les Sardes, l'hospice servait de caserne et de magasin. Plus tard, en 1801, le premier consul, Bonaparte le fit réparer pour y loger une brigade de gendarmerie.

La nouvelle frontière se trouve un peu en-deçà de l'hôtel et de l'hospice qui, par conséquent, appartiennent au royaume italien. A quelque distance de l'hospice gisent les ruines gauloises, carthaginoises, romaines, sarrasines que nous avons mentionnées tout à l'heure. Les plus intéressantes dépendaient du Cromlech. C'est un cercle de deux cent vingt-cinq mètres de circonférence, formé de pierres séparées entre elles. Autrefois ces pierres longues et minces étaient plantées dans le sol; maintenant elles sont renversées pour la plupart. C'est ce qu'on appelle le cirque d'Annibal. La route actuelle le traverse dans tout son diamètre.

La colonne de Jupiter était d'un marbre cipolin veiné en zig-zags; elle avait pour piédestal un gros bloc de granit quartzeux et micacé. Tous les historiens, les chroniqueurs, affirment qu'une escarboucle enchassée dans le chapiteau de la colonne, figurait l'œil de Jupiter pennin, *Deus penninus, Optimus, Maximus*. Beaucoup de débris de tuiles et de poteries romaines sont épars çà et là sous le gazon, qui pousse dans des compartiments encore visibles, ménagés entre des murailles évasées.

La colonne actuelle, en simple granit, tel qu'en fournissent les roches voisines, mesure quinze pieds environ de hauteur et un pied et demi de diamètre; une petite croix de fer surmonte le sommet.

Quiconque entreprendra l'ascension du Mont-Valezan, qui domine au sud-est, la combe de l'hospice, jouira d'une vue admirable; cette vue deviendra splendide, plus féérique, si l'on parvient jusqu'au point culminant de la montagne, au pic du Belvédère, (3,448 mètres au-dessus de l'Océan). Elle s'étend sur une immense nappe de glaciers, qui descendent dans la vallée d'Aoste. Au nord, on a devant soi le Grand-Saint-Bernard, le Mont-Cervin, le Mont-Rose, le Simplon, le le Saint-Gothard et le Mont-Blanc, qui élève sa cime majestueuse au-dessus des innombrables aiguilles qui l'environnent, et dont les pointes noires transpercent le blanc manteau. Au sud, l'œil plonge sur toutes les parties de la vallée de l'Isère, depuis le Mont-Iseran jusqu'aux environs de Moûtiers, ainsi que sur la chaîne des montagnes latérales, pour la plupart constamment blanchies par les frimas.

Au delà de Séez on entre dans le Val de Tignes; d'abord assez large, riant, bien cultivé; ce Val se retrécit insensiblement et devient étroit, stérile, sauvage. Le chemin monte par une pente presque insensible jusqu'au hameau de Longefoy; ce village situé sur la hauteur, près d'une forteresse détruite en 1630, était le chef-lieu d'une châtellenie qui avait pour Seigneurs les Villette-Chevron.

La route carrossable jusqu'à Sainte-Foy s'élève au-dessus du Champey; on voit une horrible cataracte qui tombe du grand Assaly. Ce village fait face à celui de Villaroger, situé sur l'autre bord de l'Isère; tous deux semblent faire partie de la même commune, tant ils sont rapprochés l'un de l'autre. A peu de distance de l'Isère, est un sentier, qui par le hameau des Masures, l'épaisse forêt du Devin et le col du Mont-Ormêlon, passe dans la commune de Val-grisenche, en Piémont; le territoire de Sainte-Foy offre à l'artiste des sites très-variés; à côté des charmes d'une nature virgilienne, se trouvent les horreurs d'une nature bouleversée; on y voit des eaux tranquilles et des torrents fougueux; de jolies habitations et des châlets délabrés, des chemins dans les bois et des sentiers suspendus sur les abimes; d'éclatantes et riches prairies ombragées par des bouquets d'arbres de toutes essences; des rochers abrupts et des sommets couverts de neige.

L'espèce humaine est forte et belle. Les femmes affectionnent l'antique coiffure nationale, la *frontière*, enrichie de velour noir, de satin bleu, d'étoffes brochées or et argent. Leurs vêtements se composent invariablement d'étoffes de couleurs voyantes et d'une coupe artistique. Ce costume s'harmonisant avec la nature, communique au paysage une note gracieuse et vibrante.

Après Sainte-Foy et le hameau de la Thuile, on pénètre dans la gorge, encaissée d'un côté par le grand Assaly, l'Ormelon, le Sassère, qui relient le Petit-Saint-Bernard et le Mont-Iseran; de l'autre par le rocher et l'aiguille Rousse, le pic de Sana, l'Ouglia-Molla, la Thuria ou la montagne Pourrie, se rattachant au massif de la Vanoise.

A l'opposite et au-dessus de la Thuile, par de là la profonde fissure ou gronde l'Isère, le village de la Gurraz, surgit sur un étroit plateau et se détache sur les flancs rembrunis de la Thuria et sur ses sommets neigeux. Son aspect est vraiment extraordinaire; il paraît suspendu entre les glaciers de la Marlin qui le menacent de leurs éboulements et les cascades sur lesquelles il semble se pencher comme pour s'y précipiter.

Pour atteindre ce village, on quitte le chemin au nant du Choux, et, par un étroit sentier, on s'engage dans une sombre forêt très-inclinée, coupée par le lit de l'Isère, mais recommençant au-delà par une montée non moins rapide. Détruit maintes fois par les avalanches, le village de la Gurraz fut toujours reconstruit sur le même emplacement, à cause de la fertilité du sol.

Le pasteur de cette paroisse nous communique une chanson qui peint fidèlement la topographie de cette localité; nous en détachons deux strophes.

« Des attraits d'ici-bas à qui fait sacrifice,
« A qui veut s'exiler, jamais lieu plus propice,
« Du fond de la vallée un voyageur surpris
« Elevant ses regards, aperçut des logis :
« O Dieu ! s'écria-t-il, quoi ! bâtir des asiles
« Sur ce rocher affreux, repaire des reptiles,
« Des renards et des loups ! l'auteur de l'univers
« N'a pu faire pour l'homme de plus tristes déserts

« Il cherche et se fatigue à trouver une issue !
« Mais il n'en trouve point. Est-ce sur une nue
« Qu'on parvient sur ce roc, se dit-il tout chagrin ?
« Enfin jetant le bras, il poursuit son chemin.
« Heureuse liberté, que n'es-tu mon domaine !
« Car moi, d'en faire autant quatre fois la semaine,
« Je me sens fort tenté, mais un diable de mot
« Qui se dit en latin, *ego*, moi, *promitto*,
« M'enchaîne malgré moi sur cette affreuse plage,
« Où d'épaisses forêts, où le bruyant tapage
« D'un glacier qui se rompt et roule avec fracas
« Dans des creux ténébreux ses éternels frimas,
« Fatiguent tour à tour mes yeux et mon oreille,
« Pour récréer les ours musique sans pareille. »

A dix minutes de distance du village, le Mont-Thuria ou Mont-Pourri présente un escarpement de plus de six cents pieds d'élévation, selon le dire de Mgr l'évêque Rendu, dans la *théorie* des *Glaciers de la Savoie*. A cette hauteur, la tranche vive du rocher est continuée par la tranche des glaces supérieures qui paraissent avoir environ cinquante pieds d'épaisseur. A mesure que la glace se forme sur le plateau, l'excédent de ce que le glacier est susceptible de contenir, s'avance sur le bord du précipice, puis, lorsque

le poids de la partie qui déborde, arrive à dé-
passer la force de cohésion qui unit entre elles
les parties de la glace, il se rompt et tombe
au pied de la montagne dans un creux qui est
toujours plein (3763ᵐ).

Au delà du hameau de la Thuile, les cultures
disparaissent peu à peu, et finissent par cesser
totalement, faute de terrains arables. Çà et là
quelques pruniers sauvageons, quelques méri-
siers, les sapins et les mélèzes, jusque là
clair-semés, se montrent en plus grand nombre,
envahissent les pentes, escaladent les rochers
et arrivent à constituer l'immense et épaisse
forêt qui se prolonge à droite et à gauche sur
les montagnes.

Qnand on a franchi la chétive habitation de
la Raix, on arrive au pont de la Balme où le
regard et l'imagination sont également frappés
de la chûte horriblement belle de la cascade
qui descend du lac Verdet et du lac Noir. L'Ormelon et le Sassère en fournissent la première
source. Le lieu est désert ; on aperçoit çà et là
des croix funèbres, indices de la mort violente

de quelques voyageurs. Un bruit assourdissant qui monte de l'Isère et qui descend de la cataracte, envahit l'espace et fait trembler les branchages des sapins, ébranle le pont sur lequel on arrive.

Le chemin qui attend la continuation des travaux promis pour le rendre carrossable à partir de Sainte-Foy jusqu'au Mont-Iseran, est loin d'être mauvais pour les voyageurs et les mulets. La solitude de ces lieux cesse un instant au hameau des Brevières où commence la nouvelle route sur la rive droite de l'Isère qui large et solide conduit bientôt le voyageur au village de Tignes.

Le bassin de Tignes est entouré de montagnes dont les cascades bondissent de toutes parts; d'immenses prairies, arrosées de belles eaux, animées par des moutons, des chèvres, de nombreux troupeaux de vaches, parsemées de châlets où l'on fabrique un excellent gruyère. Les habitants sont pleins de finesse, prévenants, laborieux, grands, robustes; les femmes laissent voir des traits admirablement ciselés, cachés

sous leurs foulards repliés autour de la tête et
se nouant par les deux bouts qui retombent avec
grâce entre les épaules ; la population est de
1000 habitants ! on exporte au loin les fromages
de chèvres et de brebis connus sous le nom de
Tignards de Tarentaise, fort appréciés dans les
grands banquets. Les richesses minérales sont
remarquables, surtout les roches de marbre
blanc, d'anthracite et de plomb argentifère.

Une gorge étroite livre passage à un sentier
muletier qui gracieux et pittoresque conduit
au lac de Tignes, se bifurque pour se diriger
soit vers la Maurienne par le col de la Laisse,
les montagnes de Termignon, soit vers la
Tarentaise par le col du Palet.

Au sortir de Tignes, se dirigeant à l'Est,
traversant les granges des *Archets*, on franchit
plusieurs torrents, on prend un sentier qui
domine à une grande hauteur le fond de la
vallée et on atteint le col de la *Golette* ou du
Rhêmes. Au nord s'élève l'*Aiguille* ou Roche de
Sassière, (3763), au sud s'étendent les glaciers
d'*Apparti* ; de là on descend la *Vallée-Notre*
d'Aoste.

La vue de la Grande-Sassière est un immense panorama.

Le bassin se rétrécit, nous sommes dans la gorge de la Val, sur un petit sentier suspendu au flanc d'un rocher. Ici, comme sur la route de Sainte-Foy à Tignes, on est frappé des mêmes aspects; on éprouve les mêmes émotions que causent les inscriptions funèbres commémoratives.

En 1836, une avalanche de neige emporte deux hommes, dont l'un est englouti dans l'Isère, l'autre jeté sur la rive opposée.

La Val atteint, 1,800 mètres d'altitude; l'hiver y est long et rigoureux; les habitants ne peuvent communiquer entre eux qu'en pratiquant des tunnels sous la neige, ou bien de profondes tranchées. Ce village a été détaché de Tignes, il y a deux siècles. A l'approche de l'hiver, toute la partie de la population mâle émigre en Piémont. La saison de l'été offre les aspects les plus ravissants.

Le villlage situé entre l'Isère, le nant du Charvet et le nant de l'Ouglietta, est la base du **Mont-Iseran** dont les flancs sont noirs, abrupts du côté de Bonneval en Maurienne. Plus loin le hameau de Fornet voit finir les habitations de la vallée et la végétation arborescente. Il n'y a plus au delà qu'une gorge désolée qui se prolonge jusqu'au sommet d'un contrefort de l'Iseran. Une dépression de cette montagne forme le col de la Gallesio, lequel passe en Piémont par la chapelle de la Neva, par des glaciers immenses, et la *Scalare* de l'Orca.

C'est au fond de cette gorge, près du châlet de San Carlo, au pied des neiges et des glaciers que surgissent les sources de l'Isère, de cette rivière que Polybe nomme *Scorax,* mais que d'autres historiens appellent *Isara*, et que Plancus écrivant à Cicéron, désigne ainsi : *maximum flumen quod in finibus est allobrogum.* (Mont-Iseran 4045 mètres).

Le sentier, le seul habituellement fréquenté traverse le Mont-Iseran, au col de ce nom, et tombe à Bonneval en Maurienne, puis arrive à Bessans, où une branche conduit à Lanslebourg.

au pied des rampes du Mont-Cenis, dont l'hospice est à une hauteur de (1,940).

Le col du Palet (2547 m.) qui sépare les vallées de Tignes, de Peisey et de Champagny est située à deux heures, sud-est du lac de Tignes, gracieuse position qui ravit l'œil du touriste et du géologue. Les truites saumonées y abondent ; il a 25 hectares de superficie ; les nombreux troupeaux qui paissent aux alentours, y forment comme une harmonie alpestre que ne surpassent point les nobles contours de Zurich.

Le produit annuel est d'environ 160 francs. Au-dessus, sur la pente du col du Palet se trouve le lac insondable de *Bourta-Courna* (mauvaise corne) sans poisson ; il est dominé par l'Ouglia-Molla. Sur le versant opposé, près du col du Palet, territoire de Peisey, est le lac de *Cracalery* sans poisson.

CHAPITRE VIII.

CHAMPAGNY. — PRALOGNAN. — BOZEL. SAINT-BON. — LA PERRIÈRE.

Descendant le col du Palet, le voyageur est frappé de stupeur, si ce n'est d'admiration en voyant échelonnées, agglomérées les aiguilles colossales qui bordent, surmontent les glaciers; si la nature étale quelques parts ses granits abrupts, si elle lance jusqu'au ciel ses roches dénudées, taillées à pic, c'est surtout dans le Val du Prémou; le Doron y prend sa source. Champagny se divise en deux sections : Champagny-le-Bas, Champagny - le - Haut. Cette dernière section est plus riche, plus industrielle. Les Champagnolins émigrent et se livrent au commerce de plantes médecinales. Les femmes ont conservé les modes d'autrefois; grand chapeau noir, mouchoir rouge, corsage court et robe brune; elle sont laborieuses, sévères, les hommes fins, intéressés.

Pierre de Champagny connu sous le nom de Pierre de Tarentaise, d'abord simple religieux dominicain, puis archevque de Lyon, cardinal évêque d'Ostie, monta sur le trône pontifical en 1276. Il est né au hameau du Planay, au lieu dit la *Cour*; le nom de sa famille était Ruffier.

Le clocher de Champagny-le-Bas offre une particularité qui lui est commune avec les tours de Pise et de Bologne, c'est que par suite d'un mouvement du terrain, il penche sensiblement et semble depuis plus de cent ans, être pour les fidèles une continuelle menace.

Dans la partie la plus basse de la commune, au confluent du Doron de Pralognan et du Doron de Prémou, qui forment le Doron de Bozel, est enterré le hameau de Villard-Goitreux, dénomination peu gracieuce.

L'inondation du Doron de Champagny (1818) ayant forcé les habitants à construire de nouvelles habitations en dehors du périmètre englouti, le crétinisme a presque disparu.

Une course moins fatiguante, consiste à re-
monter la combe de Pralognan. Par un chemin
tout-à-fait romantique, à l'ombre de vieux sapins
barbus, le touriste longe des rochers étrangement déchirés ; passe sur des ponts d'une har-
diesse surprenante, qui traversent et retraversent
le Doron perdu au fond d'épouvantables abîmes ;
il rencontrera les pittoresques châlets de Champ
Beranger, de la Croix, des Darbelais et arrivera
émerveillé à Pralognan.

Ce village est accroupi au milieu des plus
hautes montagnes de la contrée, le Mont-Eynau
et le Mont des Grands-Marchais, qui relient la
Vanoise à Château-Bourreau. Les champs peu
nombreux que l'on rencontre dans cette combe
sont très-bien cultivés ; mais le sol ne répond
pas à cette habile culture. L'industrie de la localité se borne à l'élève des bestiaux et à la
fabrication du fromage de gruyère.

L'émigration organisée à Pralognan sur une
vaste échelle, a dirigé son courant vers le centre
de la France. Les émigrants colportent de dra-
perie et de bijouterie, et réalisent souvent de
grands bénéfices.

Deux sentiers rattachent Pralognan à la Haute-Maurienne, l'un conduit soit à Modane, par le col de Chavière et la chapelle de Notre-Dame d'août, soit à Aussois par le col de Rosuë où se trouve le lac Blanc, source du Doron principal, grossi en outre par les eaux sauvages du Ritor, d'Argentine, de la Pêche; l'autre sentier, remontant la Sallanche par les hameaux de Fontanette, de l'Archelin et de la Glière, parcourant la gorge la plus bouleversée, en face de cascades majestueuses et de glaciers menaçants, gravit les pentes difficiles du col de la Vanoise et du plan des Laux sur le chemin de Termignon. L'aiguille de la Vanoise (3862 m.) plonge son piédestal dans un lac très-dangereux, quoique de petites dimensions; au midi sont encaissés de gouffres profonds bordés de buissons touffus qui cachent les dangers au voyageur imprudent ou insouciant.

Les crêtes de rochers qui s'élèvent au-dessus des pâturages de Pralognan, de Champagny, de Tignes sont le patrimoine du chamois. Ils se montrent par groupes de 20, 30 sur le gazon aromatique de ces haut-parages. Nous en avons compté plus de soixante sur la montagne de la Laisse. On en voit aussi sur les montagnes de Saint-Bon et de Saint-Jean de Belleville.

Rentrant dans la vallée de Bozel, chef-lieu de canton, on y arrive après trois heures de marches par un chemin de nouvelle construction. Bien situé, fier de son église, de ses vergers, de ses bestiaux, de ses belles terres, de ses fromages, de ses cuirs tannés, ce bourg offre un panorama ravissant. On voit des ceps de vigne chargés de raisins à côté des sapins et des mélèzes, en face des neiges et des glaciers. (882 m.) Les maisons sont élégantes; on y voit les ruines d'un vieux château féodal, jadis habité par les archevêques de Tarentaise pendant leur villégiature, et une tour appelée tour romaine. Bozel a été comblé trois fois par les alluvions de Borrieu, fougueux ruisseau qui descend du mont Jovet.

Le touriste ne doit pas oublier de faire l'ascension du Mont-Jovet et de la Forclaz; car la vue dont on y jouit est splendide. Elle s'étend sur le colosse des Alpes grecques et pennines, sur le Mont-Blanc, les arrêtes du Petit et Grand Saint-Bernard, le Mont-Cervin, le Mont-Rose, qui domine les Alpes vénitiennes; on contemple les immenses glaciers de la Vanoise, de l'Arpon, de l'Argentine, de Gebrulaz, qui séparent la Haute-Tarentaise de la Maurienne; on voit enfin sur une partie des glaciers qui séparent la Maurienne du Dauphiné.

Bozel compte 1,422 habitants. On trouve dans toute l'étendue de la vallée de Bozel, des filons épars d'anthracite, de belles carrières de pierres à plâtre, des ardoisières et de gras pâturages.

La maison Villard-Raymond d'Aime possède un vieux manuscrit latin où on lit que 400 chrétiens de Lyon, fuyant la persécution de Septime-Sévère au 3ᵐᵉ siècle se réfugièrent sur les montagnes de Bozel et de Champagny. C'est une copie de la lettre même de Sempronius, gouverneur de Lyon; ce manuscrit donne des détails précis sur le passage de l'armée d'Annibal avec ses éléphants, et sur le sel recueilli à Darentasia, (Salins).

En face de Bozel, au delà du Doron vous rencontrez le village de Saint-Bon assis sur un méplat de la montagne à l'entrée d'une combe divisée en deux branches, la Rosière et Prameruel. Cette combe est latérale à celle des Allues, avec laquelle elle communique par la croix des Lances, la croix de Verdan et le col de Challe ou de l'aiguille du fruit-commun. L'église de Saint-Bon avec son clocher brillant, ses maisons coquettes offrent un coup d'œil pittoresque. Les environs avec leurs bosquets et leurs prairies coupées de ruisselets et entremêlées de cultures diverses, sont véritablement ravissants. Au-dessus du village est un lac fort peuplé de tanches. Sa profondeur est de vingt-deux mètres. On fabrique d'excellents gruyères. Les habitants de Saint-Bon réussissent à l'étranger; ils fréquentent les grandes villes et reviennent se reposer dans le pays natal.

Ont descend au village de La Perrière, vers la fontaine des *larmes*, près d'un rocher le long duquel suinte goutte à goutte une eau fraîche et limpide qui remplit un bassin naturel, où

les animaux cheminant sur la route viennent
se désaltérer : on voit de beaux arbres, un
petit hermitage et une rustique chapelle ornée
de bleuets et autres fleurs des champs cueillies
par la blanche main des jeunes filles qui vont
assister à l'explication du catéchisme du pasteur
en préparation de la première communion;
au dessous une reisse, animée par une cascade
du plus bel effet. On arrive bientôt à la chapelle
rurale de Notre-Dame de Grâce, dépendant
de La Perrière; des arbres de toutes espèces
forment une voûte compacte sur la tête du
voyageur ; les scieries, les moulins, les forges,
prouvent l'industrie, l'activité des habitants.
Sur la rive droite s'étage le village de Montagny, où l'anthracite, le gypse, les ardoisières,
le marbre gris veiné de blanc sont presque
partout à découvert. A la distance de trois
heures, sur la hauteur des prairies de La
Challe (nord) on admire une gracieuse chapelle
sous le vocable de Notre-Dame des Neiges,
sanctuaire où se rendent de nombreux pèlerins,
le 5 du mois d'août. A côté s'élève un petit

mont où l'on jouit d'un joli point de vue très étendue sur la combe et les glaciers de la Vanoise.

Au couchant de Montagny on descend la rude pente du village de Feisson et bientôt on arrive à Brides-les-Bains, primitivement, Bains de La Perrière, qui en a perdu le nom et la propriété depuis la récente érection de Brides-les-Bains en commune.

CHAPITRE IX.

L'origine des Eaux de Brides connues anciennement sous le nom d'*Eaux du Bain*, puis d'*Eaux de La Perrière*, remonte, dit M. le docteur Laissus fils, médecin-inspecteur des Eaux thermales de Brides et de Salins, à une époque assez reculée. Une vieille tradition qui s'est perpétuée d'âge en âge dans le pays, la *dénomination de hameau des Bains* que porte de temps immémorial le village actuel de Brides, ainsi que la découverte faite en 1817, près des sources thermales d'une médaille sur laquelle on voyait d'un côté l'effigie d'une impératrice avec le mot *Faustine* et de l'autre côté le dieu Esculape assis et appuyé sur une urne d'or d'où s'écoulait une source, sont des indices non douteux de l'existence d'anciens thermes que des inondations et des accidents de terrain ont dû quelquefois faire disparaître.

Une copie d'un manuscrit fort ancien contient les lignes suivantes : « L'année suivante (l'an 211 de l'ère chrétienne) nous eûmes à pleurer la mort de trois de nos amis. D'abord celle du vieux Agatha, peu à près celle de la veuve de Vitellius, enfin celle de l'intéressante Julia. Transportée dans une maison près d'une source chaude qui se trouve dans une petite plaine traversée par le Doron, à deux mille en dessous de la colonie (Bozel). L'usage de cette eau parut d'abord calmer ses douleurs ; cependant elle y mourut, laissant Semporius dans la plus profonde désolation. (1)

Le Père Bernard religieux de l'observance de Saint-François, docteur et professeur en théologie, custode de Savoie, écrivait ce qui suit à

(1) Document historique par M. le chevalier Orsi. page 27 et 28, Moûtiers 1836.

Mgr Millet de Challes, archevêque de Tarentaise (1685). » Ces eaux naissent à une lieue de la ville de Moûtiers, capitale de la Tarentaise, que les Romains ont anciennement appelé la province des Centrons, et pour marque qu'elles ne sont pas nouvelles, et qu'elles ont été autres fois en usage dans le même temps que les empereurs firent construire les bains d'Aix en Savoie, c'est que le lieu de leur source a toujours porté le nom de Bain. » (1)

On voit donc d'une manière certaine que les Eaux de Brides étaient employées dès le 16ᵐᵉ siècle, comme en fait part cette brochure authentique, et il très-probable qu'elles étaient déjà connues dans notre pays au moment de l'invasion romaine, comme le prouvent la déclaration du père Bernard, la tradition, les documents ci-dessus relatés, et l'habitude qu'avaient les Romains de créer des établissements auprès des Eaux minérales.

On lit dans des notes privées trouvées dans

(1) Villefranche, 1685, page 5 et 6.

les archives de la maison Clerc Grégoire, hameau de la Thuile, commune de Montagny qu'en 1696 une partie des communaux, (schiste) s'est détachée de la montagne, a glissé jusqu'à la source des Bains, emportant sur son passage la moitié du hameau et ravinant profondément le sol, déracinant tous les arbres. Ce qui est encore à remarquer, c'est que le sol qui borde les avenues de la source des Bains est de même nature que le sol d'où l'éboulement est parti. L'étude géologique le constate. Le lit du Doron a été déplacé et a couvert la source même des Eaux thermales.

En 1818, les Bains de Brides, grâce à la débacle d'une grande masse d'eau qui s'était formée au-dessus de Champagny, furent de nouveau rendus à l'humanité par l'inondation qui déplaça le lit du Doron. La propriété des thermes de Brides et de Salins a été vendue à une compagnie française dont le génie inventif, mérite tout éloge.

On arrive à Brides-les-Bains par l'ancien chemin de fer Victor-Emmanuel, qui fait partie maintenant du réseau, Paris-Lyon-Méditerranée que l'on suit jusqu'à la station de *Chamousset* des diligences conduisent les voyageurs à Moûtiers et à Brides. Déjà on travaille à la voie ferrée qui va relier Chambéry, Albertville et Moûtiers.

Brides-les-Bains est une jolie station thermale, située au bas d'une ravissante vallée qui vous charme par la fraîcheur de ses prairies, et qui vous étonne par l'imposante majesté des glaciers qui la dominent.

Garantie contre les vents du nord et du midi par de hautes montagnes ayant à leur base des vignes et des vergers et couronnées à leur sommet par de magnifiques forêts de sapin : cette vallée est traversée par deux torrents fougueux (Dorons) qui roulent leurs eaux écumantes de cascades en cascades, et remplissent d'animation le riant passage qu'on a sous les yeux.

L'Etablissement thermal construit en 1840, sous le gouvernement sarde, est selon un rapport officiel, après celui d'Aix-les-Bains, le plus confortable et le mieux amenagé des établissements minéraux de la Savoie.

Le baigneur pourra facilement et sans fatigue, faire de délicieuses promenades au Bois Champion, au bois de Cythère, à la Gorge des Pigeons, à l'île des Fraises, etc.; s'il veut faire des excursions plus longues, il pourra visiter le joli vallon des Allues, la croix de Feissons-sur-Salins, le petit lac du Praz de St-Bon, les Gorges, le village de Champagny, de Pralognan, assis au pied des glaciers, le Col de la Vanoise, le Mont-Jovet, etc.

L'air de Brides sans être excitant est *tonique* par excellence, il convient admirablement aux convalescents, aux enfants, aux personnes fatiguées et épuisées par de longues souffrances physiques et morales. L'altitude est à 570 mètres au-dessus du niveau de la mer.

Les eaux de Brides sont limpides comme le cristal et se conservent parfaitement pendant de longues années sans aucune altération ; ce qui est d'une grande importance pour leur exportation. *Elles sont essentiellement purgatives* ; elles s'administrent en *boissons*, *bains* et *douches*. Tout en provoquant la purgation elles produisent un *effet tonique*; elles sont tolérées par les estomacs les plus délicats.

Employées comme *bains*, elles exercent une impression douce et tonique sur la surface cutanée.

La douche est un excellent auxiliaire de la boisson et rend des services signalés dans les maladies du foie, des intestins, dans les congestions veineuses et les divers engorgements qui ont leur siége dans la cavité abdominale.

En un mot, les eaux de Brides sont *toniques* et *reconstituantes* : Elles jouissent d'une action *spécifique* dans les affections hépatiques (inflammation du foie) et rivalisent avantageusement avec Vichy et Carls Bad.

Si de Brides, vous montez dans la combe encaissée, au fond de laquelle le Doron des Allues fait comme on dit, plus de bruit qu'il n'est gros, un chemin spacieux vous conduira bientôt à l'important village des Allues.

A proximité de ce village, au Villaret, dans un site délicieux, s'élevait autrefois une résidence des archevêques de Tarentaise. Là aussi on remarque des *tumuli* gaulois ; de l'un d'eux on a exhumé un squelette complet, des ornements de bronze. Gravissant la forêt au midi on arrive à Saint-Martin de Belleville par le col de la Lune ou par le Pas-de-la-Dame. Ce village est situé au confluent de deux combes secondaires du Fond et des Encombres. Là, se tiennent les foires et les marchés ; là, se traitent des affaires considérables en bestiaux, cuirs et fromages.

Riches en pâturages, les combes sont pauvres en forêts et en bois de chauffage. Il y en avait autrefois, ainsi que l'attestent de puissants troncs de mélèze reposant au fond du lac situé sur le plateau supérieur aux villages. On trouve encore des pièces de mélèze couchées à un pied au-dessous du gazon des marais du hameau de Béranger, heureusement la nature a largement pourvu à cette pénurie en accumulant de vastes dépôts d'anthracite dans le sein de la terre.

En avançant dans le haut de la combe du Fond, qui devient de plus en plus abrupte, on rencontre de poétiques et nombreux oratoires, le plus célèbre est la chapelle de Notre-Dame de la Vie. Il fut érigé entre les villages de Saint-Martin et de Saint-Marcel, sur l'emplacement d'un sureau dont les branchages servirent longtemps de sanctuaire à une statue miraculeuse de la Vierge. La population est de 1750.

Trois sentiers vont se rattacher à la Maurienne, par le col de Palle, le col du Fond et le col des Encombres. Au milieu de hameaux et de pâturages où inalpent de nombreux troupeaux, on parvient à l'extrémité de la combe des Laux et de celle de Thorens, au pied septentrional des Encombres, de Péclet et de Château-Bourreau, montagnes dont les glaciers alimentent le Méderel qui va se jeter au Doron de Bozel à Salins, après avoir longé les communes de Saint-Jean de Belleville et de Fontaine-le-Puits.

Nous indiquerons aux touristes un tableau qui, par son étrangeté, peut défier toute comparaison. Au fond d'un immense précipice, où se réunissent les eaux de deux nants, on aperçoit quelques chétives maisons qui semblent avoir été placées par un être surnaturel. De prime abord, l'accès en parait impossible; mais voyez ce sentier suspendu sur l'abîme; si vous ne craignez pas le vertige, descendez-le, franchissez ce pontet tremblant qui s'appuie sur des rochers battus et rongés par les eaux, et arrivé dans ce hameau, dit Plan-le-Bon, vous y verrez de braves gens qui trouvent leurs habitations les plus belles, les plus agréables du monde.

Au-dessus des hameaux de Préaux, Gitamelon, situés en face de la Grande-Moende et du Bec de l'Aigle on traverse le nant et bientôt on arrive au châlet de Casseblanche, Maubec et Bardades. C'est dans la vallée des Encombres (2,357 m.) que les géologues se reposent un instant pour détacher quelques fragments d'une roche pétrie de fossiles. Tombée sans doute, des sommets qui la dominent, cette roche git isolée dans le fond du vallon. Le grand Perron au pic des Encombres, commande le col; il faut en faire l'ascension, pour jouir à son sommet d'un des panoramas les plus étendus et les plus imposants des Alpes. Par le col des Encombres après trois heures d'un chemin pénible on arrive au bourg Saint-Michel en Maurienne, station de la voie ferrée du Mont-Cenis.

CHAPITRE X.

SAINT-JEAN DE BELLEVILLE. — SES ANTIQUITÉS. FONTAINE - LE - PUITS. — SAINT-LAURENT. — LA CÔTE. — SALINS. — SES THERMES. — ORIGINES.

Après une heure de rapide descente, on arrive sur le territoire de Saint-Jean de Belleville, riche en débris celtiques et en souvenirs féodaux. Quand on pratique des excavations pour bâtir ou améliorer les terres, on soulève fréquemment des pierres tumulaires, renfermant des ossements, ornés de bracelets, de colliers d'ambre, d'épingles précieuses, des tisons qui attestent la crémation des cadavres. Les hameaux de la Flachère, du Villard, de Deux-nants, du chef-lieu, en fournissent en grand nombre. M. Prunerbey de Paris qui fait autorité dans le monde savant, a examiné une tête trouvée dans un de ces tombeaux qu'il déclare appartenir à un sujet issu du mariage d'une Celte et d'un Ligure. Au-dessous du village, on voit un cercle druidique formé de blocs énormes. Au hameau de Villarly on remarque les ruines d'un château féodal, à la Flachère des débris d'une chapelle appartenant à l'archevêché; ce hameau figure dans les archives, sous le nom de *Quartier archiépiscopal.* Population : 1050 habitants. On y fabrique dans six châlets d'excellent gruyère. L'église et la chapelle de Notre-Dame de Grâce, style de la renaissance, attestent une main habile. Par le col de Val Buche, du Bonnet du prêtre, rocher ainsi nommé à cause de sa forme, on arrive en dix heures à Saint-Jean de Maurienne, et par celui du Golet on descend aux Avanchers. Lorsque la nouvelle route qui commence à Moûtiers sera achevée, les voitures et les charrettes, mode de locomotion inconnue dans la combe, pourront sans peine desservir le pays.

Une illustration culinaire, le fameux Jean de Belleville, cuisinier du chevaleresque comte

Vert nacquit dans cette commune; il s'immor-
talisa par l'invention du gâteau de Savoie, qui
s'est vulgarisé dans le monde gastronomique.

Suivant la route nouvelle, le touriste se trouve
bientôt à la hauteur de Salins, traversant le
village de Fontaine-le-Puits, laissant sur la rive
droite Saint-Laurent de la Côte, fort bien décrit
par la révolution, *Les Ravins*. Le village de
Villarlurin étouffe sous les arbres en dépit de la
hache du bûcheron qui retentit matin et soir
dans les forêts.

Nous arrivons à Salins, localité célèbre par
ces Bains *marins* et par son histoire, *teinte,
clair-obscur*.

Le trajet de Moûtiers à Salins, dix minutes,
est commode, agréable; la promenade est bien
entretenue; le service des omnibus, partant de
la place des Victoires, de Moûtiers pour Brides
les Bains par Salins est régulier. On arrive à
Brides en moins d'une heure.

Les Eaux thermales de Salins sont connues
depuis un temps immémorial. Elles servaient
déjà avant l'invasion romaine, à la fabrication

du sel, objet de première nécessité pour l'alimentation publique; elles ont donné naissance à Salins qui n'est plus maintenant qu'un petit village, mais qui fut autrefois une ville assez importante sous le nom de *Salinæ*, *Salinum*, *Darentasia*.

Il est à présumer qu'il en fut de même de l'origine du château de Salins, appelé plus tard château de Melphe (probablement à l'époque de l'invasion des sarrasins; car le mot Melphe, en arabe, signifie eau salée) habité par les princes de Savoie, il devient le chef-lieu des domaines qu'ils avaient acquis dans la Tarentaise après les événements de 1076. Il fut ensuite inféodé à une noble famille dont les membres prirent le nom et le titre de comtes de Salins. Les Mermet, les Duverger, succédèrent à cette famille dans la possession de ce fief — plus tard il fut démentelé et dévasté par Lesdiguières. De 1742 à 1748 les Espagnols y établirent leur camp; sa destruction devint complète.

Le petit village de Salins repose sur les débris plusieurs fois accumulés de l'ancien bourg du même nom, lequel était assis lui-même sur les ruines d'une ville antérieure à la conquête romaine. Cette ville avait été l'ancienne *Darentasia*, capitale du peuple Centron, que quelques écrivains ont placé, à *forum Claudii*, actuellement Moûtiers.

Les sources salées qui surgissent du rocher de Melphe y avaient attiré les habitants des montagnes voisines; ils y fabriquaient le sel qui se vendait dans toute la contrée.

Sur l'autorité de Polybe, J.-J. Roche, le docteur Socquet pensent que ce fût Salins qu'Annibal dût prendre, afin de pouvoir continuer sa marche vers les Alpes Grecques, l'an de Rome, 534, c'est-à-dire 218 ans avant l'ère chrétienne. Ces lieux rappellent les hauts faits d'armes d'un des plus grands capitaines de l'antiquité, et certes il fallait que la civilisation fût déjà très-avancée chez les Centrons, 218 ans avant l'ère chrétienne, puisque à cette époque, ces peuples Alpins avaient des places fortifiées pour défendre à la fois et leurs frontières et leurs établissements importants, tels que les sources salées de Darentasia.

Sempronius, gouverneur romain, agrandit cette ville; il y fonda des établissements pour l'exploitation en grand de ces sources précieuses. Vers la fin du xiv° siècle, ce bourg fut de nouveau détruit par un éboulement considérable venant de la côte occidentale, éboulement qui, remplit la vallée, exhausse le sol de 8 mètres et anéantit la ville de Salins, Les sources furent enfouies et perdues pendant plus d'un siècle.

Le duc Emmanuel-Philibert ordonna en 1559 des travaux pour rechercher les Eaux et les amener à Moûtiers; de cette époque datent les salines de Moûtiers, détruites encore au commencement du xviii° siècle pendant la guerre avec la France. Les Eaux furent conduites dans la plaine d'Albertville, sous Conflans où elles achevaient de se vaporiser dans de vastes bassins situés sur la propriété actuelle du Baron Perrier Eugène.

Les salines dont l'exploitation était trop dispendieuse ont été détruites. La Société française disposera de l'emplacement selon les vues grandioses et humanitaires pour l'avantage du pays.

Une imprimerie parait avoir existé à Salins sous la direction de Maître-Maurice Mermillou elle fonctionnait avec des caractères en bois, ce qui prouve son ancienneté et l'importance de la ville de Salins. Une voie romaine conduisait de Vienne en Dauphiné jusqu'aux Alpes Grecques (Petit Saint-Bernard). Depuis Briançon, elle passait sur la rive gauche de l'Isère et venait aboutir à Salins par un pont jeté sur le Doron, Pont-Céran.

Salins possède des exploitations de chaux et de plâtre, et, non loin du village, sur la rive gauche du Doron, une roche veinée de quartz et entremêlée de beaux cristaux de felds path, donne un filon de titane oxidé jaune, pur et cristallisé. L'usage habituel de l'eau salée dans la fabrication du pain et des autres aliments donne aux habitants une force, une santé qu'on ne rencontre nulle part dans les environs.

CHAPITRE XI.

HAUTECOUR. — PASSAGE D'ANNIBAL.

Hautecour est un type social qui tranche à grandes rainures avec les autres communes de Tarentaise. La cause se trouve dans la persistance traditionnelle qui rappelle le mot de Louis XIV, l'*Etat c'est moi*; *donc la société c'est nous*, disent les habitants de Hautecour ; faut-il blamer cette affirmation ? nullement; car ils possèdent le vrai caractère de la liberté qui préserve les peuples de la tyrannie et de l'oppression. Là, l'autorité paternelle est maintenue et respectée ; le père règne et gouverne ; sa parole impose, la femme, elle aussi fléchit sous la loi maritale, elle ne se plaint pas!

L'autorité du chef de la famille s'étend si loin que la femme est sévèrement exclue des festins; elle est frappée d'ostracisme et n'aborde jamais la table officielle, quand il y a festival. Brillat-Savarin en main, le mari dirige seul l'ordre culinaire. Les résultats de ce gouvernement patriarcal sont de préserver sans altération aucune, la moralité des habitants; la raison d'ailleurs la plus douce et la plus éclairée préside à toutes les prescriptions privées.

Le territoire de Hautecour est pittoresque, accidentés, gracieux, par fois disloqué, on dirait des roches éruptives. De petits vallons, de mamelons, s'étagent de distances en distances; il est des sites qui dominent toute la hauteur des montagnes de la Tarentaise. Vous voyez s'ouvrir devant vous de nombreuses vallées, miroiter d'immenses glaciers, se dresser des roches qui atteignent le ciel.

L'église bâtie sur une crête, est chaque jour visitée par le vent du nord à onze heures très-précises du matin. On y voit le tombeau élevé en l'honneur du savant a l'evêque, Mgr Charvaz;

c'est un marbre de Carrare de premier choix.
A deux cents mètres au nord-ouest de l'église
est une chapelle élevée par le même prélat,
style gothique d'une teinte sans rayonnement;
au midi est un oratoire dédié à Saint-Jacques,
soutenu par un rocher où se voit l'empreinte
bien marquée du corps de l'apôtre de la Tarentaise. On trouve à Hautecour de beaux cristaux
siliceux, du fer spathique, du cuivre pyriteux,
et d'anthracite.

Les premiers archevêques de Tarentaise
allaient en villégiature à Hautecour où ils avaient
établi un tribunal pour les contentieux; de là,
la dénomination de Hautecour.

Un sentier abrupt conduit de Hautecour à
Villagerel sur Aigueblanche. Entre Moûtiers et
Aigueblanche est une gorge fort étroite, au fond
de laquelle gronde furieuse l'Isère réunie au
Doron de Salins. Au-dessus de la rivière est une
voie romaine célèbre par le passage d'Annibal,
dont les traces attestent aujourd'hui encore
l'affirmation de la verité. Il existe quatre-
vingt dix dissertations sur le passage d'Annibal

des Gaules en Italie (1) : celle qui réunit le plus de suffrages est celle qui le fait passer par les Alpes Grecques (Petit Saint - Bernard). Ce fait équivaut à une certitude, surtout si on rapporte les noms des auteurs qui soutiennent ce système.

Pour les Alpes Grecques trente-trois suffrages les historiens latins Cœlius, Cornélius Népos qui a visité les Alpes peu de temps après le passage d'Annibal. Pour le mont Genièvre vingt-quatre suffrages. Le Grand Saint - Bernard dix-neuf. Le Mont-Cenis onze voix. Le Mont-Viso trois seulement ; ce sont les seules routes, dit M. Macé (description du Dauphiné) entre lesquelles on puisse, sans parti pris, se prononcer.

« M. Deluc (œuvres de Tite-Live sous la direction de M. Nisard, professeur d'éloquence latine au collége de France, tome 1er, chapitre XXVI, page 878) prouvant qu'Annibal avait passé par les Alpes Grecques, ce fait adopter ses remarques sur Tite-Live et Polybe comme fon-

(1) Statistique du département de la Drôme, 2e édition, in-4°, 1835, page 22 par M. Delacroix.

dées et indiscutables. Il est maintenant reconnu dit-il, par le plus grand nombre de savants, que la route d'Annibal, jusqu'au bourg Mont-Meillan, est celle qu'a décrite Deluc d'après Polybe. »

Pour établir d'une manière irréfragable que le héros cartaginois a franchi les Alpes Grecques par Darentasia, (Moûtiers) il suffit de faire voir que l'opinion qui le fait passer par le Mont-Cenis, est due à l'adulation; car c'était, dit Montholon, l'opinion de Napoléon 1er; mais elle n'est pas moins fausse et erronée;

1° Parce qu'à cette époque (218 ans avant l'ère chrétienne) le passage du Mont-Cenis n'était pas connu; aucun chemin n'y avait été ouvert.

2° Parce que la vallée de l'Arc qui aboutit au Mont-Cenis en longeant la Maurienne, présente une infinité d'obstacles. Pour les éviter, on est forcé de passer dix fois d'une rive à l'autre. « Il serait trop long de détailler, dit M. De Saussure, les nombreux défilés que l'on rencontre dans cette route, et de noter combien de fois les étranglements et les sinuosités de l'Arc forcent à passer d'une rive à l'autre. »

Cette vallée offrait donc de trop grandes difficultés pour que, dans ces temps reculés, on y eût tracé une route pour traverser les Alpes. La descente du Mont-Cenis, du côté de l'Italie, était aussi une impossibilité car les rochers y sont presque à pic, et ce n'est qu'en taillant le chemin dans le roc avec un grand nombre de zigzags qu'on a pu rendre cette descente praticable.

C'est sans doute à cause de ces difficultés naturelles que la route du Mont-Cenis n'a été ouverte que dans des temps postérieurs, comparés à l'ancienneté de la route du Petit-Saint-Bernard; aussi la première ne se trouve point dans les itinéraires romains, qui, cependant ont été faits dans les 4me et 5me siècles de notre ère, ou six à sept siècles après l'expédition d'Annibal.

La route du Mont-Cenis n'est pas celle que les Gaulois suivaient pour descendre en Italie, ni celle qu'Annibal, en marchant sur leurs traces, prit pour entrer dans ce pays; nous faisons aussi observer qu'elle n'était pas une des quatre routes connues du temps de Polybe. Cet auteur, en décrivant la route d'Annibal, la *même qu'il parcourut soixante ans après,* n'a pu décrire qu'une route connue de son temps.

3° Parce qu'il est impossible qu'il pût rencontrer au mois d'octobre (époque du passage d'Annibal) de la vieille neige au Mont-Cenis conservée depuis l'hiver précédent; car outre que ce passage est plus abaissé d'au moins 100 toises que celle du Petit-Saint-Bernard, sa descente est tournée vers le sud-est, exposition où la neige fond plus vite que dans celle du Saint-Bernard, qui est tournée vers le nord.

4° L'opinion de Napoléon, disent les auteurs comtemporains, est sans fondement, parce que son système repose uniquement sur la raison de la guerre, et fait complète abstraction de toutes les données historiques.

CHAPITRE XII.

AIGUEBLANCHE — LE BOIS — LES AVANCHERS
BELLECOMBE — CELLIERS — BRIANÇON.

Au milieu d'un bassin ovale, que la fertilité
en fruits et en vins a fait surnommer le *jardin
de la Tarentaise* s'étale le village d'Aigueblanche, dont la physionomie cadre parfaitement
avec la riante nature qui l'entoure, notamment
avec le joli ruisseau d'Aiguette, et les deux
sources abondantes de l'Eau-Blanche et de
l'Eau-Rousse, qui font mouvoir des scieries et
des moulins. L'une de ces sources est tellement
saturée de principes sédimenteux que le canal
qui les conduit sous les usines, ainsi que les
artifices de celle-ci, se revêtent promptement
d'une couche gypseuse, que l'on n'est obligé

d'enlever de temps à autre ; sans cela les usines cesseraient de fonctionner.

Jadis fortifié, le village d'Aigueblanche peut encore montrer une partie de ses vieux châteaux, une porte cintrée et des fragments de remparts. Le titre de marquisat qu'il portait, fut créé en faveur de la famille Carron de Saint-Thomas, dont la résidence domine le village. Un joli pont de pierre jeté sur l'Isère, relie Aigueblanche à la combe des Avanchers, dont l'entrée se trouve en face du village. On apperçoit un pas plus haut, ou plutôt on devine les débris d'un pont qui aboutissait à la voie romaine, ouverte de l'autre côté de la rivière, contre le rocher de Séran; on n'y voit aujourd'hui qu'un sentier moderne et chétif de la grande voie prétorienne. Aigueblanche a vu naître Pierre dit d'Aigueblanche, évêque d'Herforten Angleterre, 1254.

Le village de Le Bois assis au pied de la montagne schisteuse de Belletare, au sud d'Aigueblanche est menacé d'être écrasé sous les éboulements partiels du rocher. D'un autre

côté, le Sécheron, redoutable par ses déborde-
ments, est aussi une menace permanente pour
ce malheureux village dont la fertilité est fort
remarquable. La combe des Avanchers est
arrosée par plusieurs nants, dont le principal
est Morel qui descend des montagnes de la
Pelouse, de Peleva et du Cheval-Noir; Cette
combe est peuplée de plusieurs villages, outre
le Bois, Bellecombe, Saint-Oyen, Doucy. La
commune des Avanchers cite avec une noble
fierté quelques faits qui tendraient à prouver
que la famille de Joachim Murat, rois de Naples,
est originaire de ce village, d'où elle sortit
pour aller se fixer en France. Par ses sommets
les Avanchers communiquent avec Saint-Jean
de Belleville par le Golet, et aux crêtes de la
Magdeleine où sont de nombreuses carrières
d'ardoises en pleine exploitation et où le natura-
liste peut rencontrer plus d'un sujet d'observation. Sur la rive droite du torrent Morel s'étend
le riche territoire de Doucy. Malheureusement
il repose sur une base schisteuse qui chaque
année s'émiette et laisse craindre un effon-

drement total. Des crevasses nombreuses, profondes entr'ouvrent le sol de toutes parts. Le chœur de l'église est placé sur un puits insondable.

Après une heure de descente par Saint-Oyen on arrive à Bellecombe où l'on voit en passant les restes d'une tuilerie romaine aujourd'hui exploitée par M. Tatout. Cette localité dont le nom recommande la magnifique position est en deuil depuis plusieurs années; cette année surtout le torrent Morel a sablé à une grande hauteur un dixième de la surperficie de la plaine. On attend du Génie un endiguement qui garantisse à avenir un territoire si beau, si fécond.

Sur la rive droite de l'Isère s'étagent avec grâce les villages de Petit-Cœur, Grand-Cœur, Nâves, Villargerel. Les vins de Grand-Cœur, des Lots, Contant, Lachat sont comparables aux vins de Bourgogne; les expositions départementales, régionales les ont classés avec distinction. La vallée d'Aigueblanche offre un intérêt réel au géologue, au minéralogiste, à l'antiquaire. On y voit des filons de cuivre, d'anthracite, de plomb argentifère, des carrières de pierres de tailles. On trouve à Petit-Cœur de magnifiques empreintes de fougères et par anomalie des terrains tertiaires et secondaires, alternés.

L'église de Le Bois est bâtie sur les fondements d'un ancien monastère de femmes; plus loin, pleurent les murs entr'ouverts du château des Barons de la localité; Bellecombe, Saint-Oyen, Petit-Cœur, Grand-Cœur ont des Tours féodales, cachées sous le lière et souillées par le nid du hibou.

Le pas de Briançon, aux bords de l'Isère, est l'un des sites les plus célèbres de la Tarentaise. L'Isère y gronde au pied de rochers escarpés : des cascades et des ravins sillonnent ceux de la rive droite; ceux de la rive gauche, aux sommets ardus, sont couronnés des ruines menaçantes, vastes débris d'un donjon féodal, qui, remplaçant un oppide gaulois, un castrum romain ou une forteresse sarrasine, commandait ce passage inquiétant.

Les Seigneurs de Briançon, déjà puissants au
ıx° siècle, furent longtemps la terreur de la
contrée. Du haut de leur donjon, ouvrant et
fermant à leur gré les portes de la Tarentaise,
ils rançonnaient les voyageurs et les marchands,
lesquels hors d'état de se soustraire à la rapacité
de ces nobles pillards, ne pouvaient continuer
leur route, qu'en subissant les plus dures conditions, et en acquittant les taxes souvent
arbitraires que la force leur imposait.

Quoique vassaux des archevêques de Tarentaise, les sires de Briançon toujours en révolte
contre ces prélats, osèrent même discuter leur
souveraineté. Tant de sévices, d'audace et d'in-
solence eurent enfin un terme. En 1097, l'archevêque Héraclius sollicite l'appui de Humbert II,
comte de Savoie, pour réduire à l'impuissance
Emeric de Briançon. Humbert assiégea le château
d'Emeric, le prit, le démentela. L'archevêque
par reconnaissance, associa le comte à sa juridiction temporelle, et lui concéda en outre de
vastes domaines. Dès ce moment l'autorité du
comte s'étendit sur Salins, et jusqu'aux sources
de l'Isère.

Toutefois, les seigneurs de Briançon continuèrent d'habiter leur château et de jouir de tous leurs priviléges féodaux, jusqu'au moment où les Montmayeur devinrent possesseurs de ce fief. Jacques Montmayeur le légua par testament à son souverain, le duc de Savoie ; celui-ci affecta le château à la défense de l'Etat.

Ce château fut fortifié de nouveau et muni de batteries, afin de pouvoir résister à François 1er. Cependant ce monarque l'emporta d'assaut et y mit un gouverneur qui l'occupa jusqu'à Henri II. Sous le règne de Louis XIII, le prince Thomas tenta de s'y établir pour arrêter les Français. Mais la crainte d'être tourné par le maréchal Bassompierre l'empêcha de s'y maintenir. Enfin ce même château fut encore canonné par le maréchal Catinat qui le ruina complètement.

Que reste-t-il de cette antique forteresse, jadis l'effroi de la contrée ? Les soubassements de trois énormes tours et de remparts accrochés aux aspérités du roc ; des souterrains qui raisonnent sous les pas du voyageur, et dont l'entrée est obstruée par des débris et des broussailles épi-

neuses. On y parvient du côté de la montagne
par un sentier délaissé, raviné en maints endroits;
du côté de l'Isère, on y monte par un escalier
tortueux de plusieurs centaines de marches, les
unes en pierres de tailles, les autres pratiquées
dans le rocher même.

Un pont ancien à une seule arche très-cintrée
aux assises d'origine romaine, enjambe l'Isère
et aboutit au pied de l'escalier, vis-à-vis d'une
vénérable chapelle; Notre-Dame de Briançon
devenue église paroissiale. Cette chapelle remonte à une haute antiquité. Le groupe principal
des habitations de cette commune, occupe le
débouché de la combe des Ceillers, aproximité
du nant de la Rave. Cette combe privée de bons
chemins, est d'un difficile parcours. Un sentier
de la nouvelle route s'étend sur les flancs pier-
reux de la montagne, à travers de maigres
taillis, décrit un grand nombre de voltes pour
atteindre l'entrée de la combe et le rustique
village de Bonneval.

Bonneval présente de noires maisons, une
ancienne église et une vieille gentilhommière

à la tour massive et tronquée au milieu d'une forét
de sapins, que de longues barbes de lichen gri-
sâtres suspendues à leur branche font ressembler
à de vénérables vieillards; on rencontre un oratoire creusé dans le rocher; le chemin surplombe
un horrible précipice et débouche dans une
espèce d'hémicycle où bondit un torrent qui va
se perdre dans la Rave. Après avoir dépassé les
hameaux de Villard-Benoit, du Biolley et de la
Thuile, au détour d'un monticule, on voit sou-
dain surgir la flèche ouvragée de Notre-Dame de
Celliers. Les maisons présentent à l'œil un
ensemble flatteur; mais l'intérieur du village
est loin de répondre à une aussi séduisante
promesse. Un peu de seigle et d'avoine, des
pommes de terre, des choux, surtout des pois
dont la réputation s'étend dans toute la Savoie,
c'est là toute la richesse agricole de la combe;
point de fruit, mais beaucoup de pâturages.

A l'approche de l'hiver, qui couvre la terre
de dix pieds de neige, les hommes abandonnent
leurs foyers et émigrent en masse dans les
villes de France; les femmes gardent la maison

et filent leur quenouille, tandis que les enfants et les vieillards se chargent de l'entretien des bestiaux.

Trois sentiers qui partent des Ceillers et de Bonneval traversent également le massif : au col de la Mule, à la pointe d'Arbel et au roc Dupays, où se trouve une ancienne tour télégraphique ; ils tombent sur Argentine, dans la Basse-Maurienne.

Moins importante que la précédente, la petite combe de Saint-Paul s'ouvre en face de Cevins ; un bon sentier à mulet monte jusqu'au col de Bamont, passe entre la dent du Corbeau et la Bellachat, puis redescend par Mont-Sapey à Aiguebelle et Argentine ; une autre traverse le col de Darbellay et conduit à Notre-Dame des Millières, sur la rive gauche de l'Isère. Outre la dent du Corbeau et les cimes de Bellachat, le pic d'Arban, la Grande-Lanche, la croix de Queige et le Grand-Bec dominent le passage.

A Essert-Blay, les vestiges d'une vieille maison forte couvrent une esplanade appuyée à d'immenses rochers ; à la suite d'un incendie qui

ruina cette demeure, ses propriétaires, les Duverger de Salins, allèrent habiter le village de
Saint-Paul; ils firent construire un nouveau
manoir, qui se détache harmonieusement sur
un bois de haute futaie au sud de Saint-Paul;
les villages de Rognaix, les Teppes, la Mouche,
celui de Pussy, n'offrent rien de particulier au
touriste, si ce n'est une jolie vue sur le cours
de l'Isère, les flancs robustes du Mont-Mirantin, de Cevins et de Feissons-sous-Briançon; le
village de Pussy se glorifie à bon droit d'être le
lieu d'origine de l'abbé De Genoude, célèbre
écrivain polémiste.

Après avoir admiré sur la rive droite de l'Isère,
la superbe cascade de Glaise, bornée par un
nant qui prend sa source au Cormet de Lanza,
au mont de la Thuile, on arrive au village de
Feissons, qui possède une grosse pierre druidique sur laquelle on a élevé une petite chapelle.
Ce village n'a d'intéressant que sa tour en ruine
au milieu de laquelle s'élève un pin solitaire,
héritier muet du passé.

Placés sur la hauteur, un calvaire et un ora-

toire surmonté d'une statue de la Vierge, an-
noncent le village de Cevins arrosé par de belles
eaux, animé par des scieries et des moulins.
Là, est la limite des arrondissements de Moûtiers
et d'Albertville. On connait sa riche exploitation
d'ardoises, propres à la toiture.

Au passage de la Roche-Cevins, on a exécuté
de grands travaux pour l'établissement de la
route, qui est taillée dans le roc bien au-dessus
de l'Isère; l'ancienne route traversait le hameau
de Langon situé au fond du banc de rochers
superposés qui contournent le village de Cevins.
C'est à partir de ce point que se mesurent les
stades parcourues par Annibal jusqu'au Petit
Saint-Bernard. L'Isère obstruait tous les autres
défilés.

En traversant le hameau et le nant d'Arbine,
qui descend du Cormet, on arrive à la Bâthie,
village assis au centre d'un bassin bien cultivé,
non loin des ruines d'un ancien Château-Fort des
archevêques de Tarentaise. Ces ruine offrent
à l'archéologue un sujet d'études curieuses,
attendu que l'on y distingue trois styles bien

différents : le roman, le gothique, la renaissance ; elles couronnent un rocher qui en s'avançant, circonscrit le bassin et rectifie la route centrale. Quelques auteurs l'appellent *Oblimum, castum sancti Desiderii*.

On traverse le village de Tours, laissant à droite un vieux manoir féodal, on longe un défilé schisteux : le sol est d'une admirable fertilité.

CHAPITRE XIII.

SECTIONS D'ALBERTVILLE.

L'énorme roche sur laquelle est assise la ville de Conflans, adossé au revers occidental du Mont-Mirantin, ferme l'entrée de la vallée et ne laisse qu'un étroit passage à la rivière, qui jadis occupait tout l'espace. Dès la plus haute antiquité, cet emplacement, considéré comme la clef de Tarentaise, fut couvert de fortifications, ainsi que d'autres localités placées dans les mêmes conditions topographiques; il revendique l'honneur d'avoir été le théâtre du premier combat qu'Annibal livra aux centrons; plusieurs écrivains veulent y voir *l'ad publicanos* des itinéraires. Cette présomption est fort excusable; car les divers lieux placés devant un

marécage, et ceux où résidaient soit un receveur pour la perception des impôts, soit un
employé pour le péage d'une rivière, ont pu
recevoir cette dénomination ; de même que le
nom actuel de Conflans s'applique particulièrement à la plupart des villes situées à la jonction
de deux cours d'eau.

François I⁺ fit démanteler Conflans ; Lesdiguières acheva l'œuvre de destruction comman-
cée par ce monarque (1600); puis les espagnols
ravagèrent cette ville et la ruinèrent complètement. Elle était protégée par les Châteaux-Forts
des seigneurs de Duingt-Maréchal, comtes de La
Val d'Isère, vicomtes de Tarentaise et par
celui de la Maison-Forêt.

Les princes et les grandes familles de Savoie
y faisaient leur résidence; alors qu'elle était le
siège de diverses administrations publiques : de
1814 à 1815. elle fut la capitale de la partie de
la Savoie que l'on avait rendue au roi de Sardaigne.

En 1768, Conflans fut érigé en principauté en
faveur des évêques de Tarentaise, qui avaient

abandonné à la maison de Savoie les derniers domaines qu'ils possédaient dans la province; de plus les archevêques devinrent princes de Saint-Sigismond.

Des murailles renforcés de tours, décrivant tous les accidents du rocher. deux portes d'entrée dont l'une dite la porte tarine ne manquent pas de caractère ; une ancienne église où l'on remarque une belle chaire provenant de l'abaye de Tamié, un édifice du XIII° siècle, le château-Rouge, ancienne demeure des princes de Savoie. puis comunauté de sœurs bernardines, servant actuellement de caserne d'infanterie, pour ornements des jardinets fleuris, menagés sur les remparts et sur les corniches des rochers, un panorama magique dit *sur la Roche*. d'où le regard plonge avec délice sur toute la combe du Grésivaudan, les flèches aériennes du château De Manuel ;

Voilà ce que l'on voit dans cette antique cité où le touriste trouve d'intéressants sujets d'étude. Au-delà de la ville jaillit une source d'eau ferrugineuse dont la minéralisation est conforme aux eaux ferrugineuses. De cette place, le massif de la Belle-Etoile, se présente à nos yeux sous un aspect nouveau; un géologue anglais, Bakew, lui a donné le nom de *Gibbon-horne*, parce que de là, elle offre une certaine ressemblance avec la silhouette de l'historien Gibbon.

Sur la route, entre le rocher et l'Isère, en face du hameau de Rhonne existe un bâtiment de forme oblongue, lequel, au siècle dernier, servait de supplément aux salines de Moûtiers, d'où l'on faisait venir l'eau salée, au moyen de tuyaux de près de trente kilomètres de longueur. Sous l'Empire on affecta ce bâtiment à une fonderie de plomb argentifère, extrait de Peisey et de Macôt.

Albertville est dans une heureuse situation, au confluent de l'Arly et de l'Isère, qui en cet endroit, débouche de la Tarentaise dans la combe de Savoie; placé sur la route d'Italie par le Petit-Saint-Bernard, sur celle de la Maurienne à Annecy par Faverges et sur celle de Sallanches par Ugines, Flumet et Megève, Albertville, devenu un centre de commerce très-actif où convergent toutes les productions des vallées de Beaufort, de Tarentaise et du Faucigny, est appelé à prospérer de plus en plus et à prendre un accroissement rapide. Des Forts de première classe, se construisent du couchant au nord. position stratégique formidable.

Au moyen-âge, quelques maisons parurent d'abord au pied de la colline, sur les ruines même de l'ancien établissement des *Publicains*, que quelques historiens placent dans cette localité. Plus tard, au xiv* siècle, après la construction en ce lieu d'un hospice des chevaliers de Saint-Jean de Jérusalem, ces maisons devenues plus nombreuses, prirent le nom de l'Hôpital ; elles y ajoutèrent celui de Villefranche, depuis que les comtes de Savoie avaient accordé des franchises aux chevaliers, à la condition de recevoir dans leur hospice les malades du Grand-Hôpital de Conflans.

On y voit des édifices, des établissements, des institutions, qui prouvent le goût artistique et l'admirable dévouement des habitants, Eglise, Sous-Préfecture. Palais et Justice, Ecoles des Frères de la Croix, des Sœurs de Saint-

Joseph, Ecole-normale, Hospice, Salle d'asile, Fontaine, des Promenades, Maison pénitentiaire, de nombreux et beaux hôtels, d'élégants cafés, de riches magasins, de nouveaux artifices, Champ de Mars et vastes prés de foire.

Les communes de Conflans et de l'Hôpital furent supprimées pour ne former, dès l'année 1835 qu'une seule et même cité, à laquelle Charles-Albert décerna le titre d'*Albertville*.

De 1814 à 1815, alors qu'une partie de la Savoie appartenait encore à la France, Conflans avait été choisi pour être le siége du Sénat et l'Hôpital possédait le bureau de l'Intendance générale.

Le 14 juin 1814, l'Hôpital fut le théâtre d'un combat meurtrier, où le colonel Bugeaud, à la tête de cent cavaliers et de dix-huit cents hommes du 14ᵉ de ligne, battit neuf mille autrichiens et croates, commandés par le baron de Trenk. Lors de ce combat, les alliés tirèrent à boulets rouges sur la ville.

CHAPITRE XIV.

GÉOLOGIE.

La Tarentaise est comprise entre deux massifs de roches cristallines. Le premier de ces massifs est formé par les montagnes situées à l'ouest du vallon de la Grande-Maison et du vallon des Celliers, lesquelles s'étendent au nord vers Beaufort, et de là jusque près d'Ugine et à Conflans, au sud par le mont Bellachat et la dent du Corbeau jusque vers l'Arc et au delà jusqu'en France dans les contours d'Allevard et du Bourg d'Oisean.

Les rochers qui dominent dans la partie de ce massif qui touche à la Tarentaise, sont des schistes talqueux passant au gneisse où à des stéaschistes granitoïde. On y trouve sur quelques points des pyrites de fer arsinicales, des pyrites cuivrés, de galènes argentifères, du cuivre gris, et plus rarement de l'antimoine sulfuré.

Le second massif de roches cristallines borne la Tarentaise à l'est; il est constitué par les montagnes qui s'étendent depuis Valgrisanche, en Piémont, jusque vers le Mont-Ormelon, (Iseran). Dans cette région dominent les granits potogineux, alternant avec des schistes talqueux et des serpentines. Cette dernière roche se montre notamment entre Bonneval et Villaron dans la vallée de l'Arc, entre le Manchet et le col du Fond, sur le versant nord du Mont-Iseran, au nord du Petit-Saint-Bernard, et enfin dans la vallée de la Versoie.

Entre les deux gorges qui viennent d'être indiqués se placent, en suivant l'ordre chronologique; 1° la formation houillère; 2° la formation triasique; 3° la formation jurassique.

Ces trois terrains ont subi, lors du soulèvement des Alpes, de tels bouleversements et dislocations si considérables, qu'il est sible de donner à chacun une délimitation exacte, si ce n'est au moyen d'une carte très détaillée. Toutefois, on peut en faire connaître les caractères généraux.

1° L'expression de terrain houiller doit être entendu ici dans le sens géologique et non dans l'acception minéralogique; car ce terrain contient le combustible nommé anthracite qui en a fait disparaître les éléments bitumineux.

Le terrain houiller présente des empreintes de calamites spheneteris nevopteris, pécoptéris, à Petit-Cœur, Nâves, Doucy, Celliers, au-dessus des Avanchers, entre Salins et Villarlurir, à Macôt, Saint-Martin de Belleville et en diverses autres localités; de sorte que son placement ne laisse plus aucun doute.

Il occupe la partie supérieure des vallons Celliers, de Nambrun, des Encombres de ville, Saint-Martin et Saint-Marcel, des Allues, une partie de la Vannoise et des vallons de Prémou sur Champagny, dans la vallée de Doron; il forme le terrain de Saint-Bon, La Perrière, Montagny, se voit sur le versant nord du Mont-Jovet et les pentes qui descendent vers Longefoy, Mâcot, Peisey, Hauteville-Gondon. De l'autre côté de l'Isère, il se montre à la Côte-d'Aime, à Montvalezan, aux Chapelles, à Montvalezan-sur-Séez et Sainte-Foy.

Le terrain houiller, ainsi qu'on le voit par ce simple aperçu, occupe une grande partie de la Tarentaise; est constitué pétrogénésiquement par des schistes argileux et du grès talqueux. C'est dans ces derniers que se trouvent les célèbres filons de galène argentifère avec baryte sulfaté de Mâcot et de Peisey.

Près des contacts avec les roches cristallines, le terrain houillier a subi un métamorphisme si considérable qu'il a été pendant longtemps inconnu par les géologues et confondu avec le terrain cristallin.

2° A la formation houillère succède celle trias, celle-ci est constituée par une assise ou moins puissante de quarzite, correspo au grès bigarré, à laquelle succèdent les irrisées avec dépôts de gypse et couche calcaires magnésieux.

Plusieurs sources salées, notamment celle de Salins près Moûtiers témoignent de l'existence d'eaux de sel marin dans cette formation. Du reste, on a exploité un amas de sel gemme à Arbonne près le Bourg Saint-Maurice.

Les gisements de gypse sont nombreux aux Avanchers, à Notre-Dame du Pré, à Villarlurin, entre Saint-Martin de Belleville et La Côte, entre Brides et la Saulce, à Bozel, dans les vallons qui entourent Pralognan, le bourg Saint-Maurice. Aime, Séez, etc.

Les eaux qui traversent les marnes gypseuses, exercent incessamment une corrosion sur les calcaires magnésiens qu'elles touchent. Aussi trouve-t-on fréquemment les calcaires changés en caryneules, c'est-à-dire en roches cariées et caverneuses. C'est à cette réaction des sulfates chaux sur les carbonates de magnésie que t dues aussi les sources minérales d'Aigue-che, de Brides et autres qui contiennent des les de magnésie.

Enfin, le calcaire liasique termine la série des de la Tarentaise. Le calcaire a été parfaitement caractérisé par les ammonites et les bélemnites trouvées au col de la Magdeleine et au col des Encombres et à Petit-Cœur, etc.

Le lias est particulièrement développé autour de Moûtiers, sur les hauteurs qui dominent Aigueblanche, Hautecour, les Avanchers, Fontaines, Feissons-sur-Salins et dans les montagnes situées au-dessus d'Aime et de Granier.

Les industries minérales étaient autrefois florissantes en Tarentaise. Les mines de Macôt et de Peisey ont eu une longue période de prospérité, à laquelle a préjudicié la concurrence des mines d'Espagne. L'exploitation du sel gemme d'Arbonne a dû être abandonnée par suite de difficultés de maintenir les galeries contre l'action envahissante et destructive des eaux. Les sources de Salins n'ont pu tenir contre le bas prix du sel de mer.

CHAPITRE XV.

OROGRAPHIE — RAMIFICATION DES MONTAGNES.

Les montagnes de la Tarentaise font partie des Hautes-Alpes ; elles s'étendent du col du Bonhomme — Petit Saint-Bernard — au Mont-Iseran ; une ramification part du Mont-Iseran et, décrivant un arc de l'est à l'ouest, vient finir insensiblement dans la plaine d'Albertville ; cette chaîne de montagnes sépare la Maurienne de la Tarentaise, ou l'Isère de l'Arc, qui prennent leurs sources aux côtés opposés du Mont-Iseran.

Les points principaux de cette ligne sont : le l de la Large, la Vanoise, le Mont-Chavière, Grand-Loup, les Encombres et le col de la eleine. Du Mont-Iseran se détache cette tion bi-latérale, secondaire qui forme la de l'Isère. Au nord se profile les Monts du

Chapieu au Cormet, au midi, La Thurra, Jovet, que baigne le Doron de Bozel.

Le Mont-Iseran forme la véritable ossature de la Tarentaise et des contrées voisines; il projette d'innombrables chaînons latéraux et de contreforts formant un dessin orographique et géologique indescriptible. Moins élevé de 800 mètres que le Mont-Blanc qui en a 4810 de hauteur, il est environné de montagnes qui le dérobent en partie aux regards du touriste; Quoique très-accessible, il est rarement visité. Il est néanmoins l'un des nœuds des montagnes les plus remarquables de tout le système des Alpes et mérite d'être étudié, si on veut se rendre raison des ramifications secondaires qui se détachent de sa base.

Les montagnes de la Tarentaise ouvrent de nombreux passages aux voyageurs qui dési visiter les pays voisins,

Le Petit Saint-Bernard qui est le prolo de la grande route qui traverse la Taren conduit directement à Aoste;

Le col du Mont, par Sainte-Foy, la

Valgrisenche, de Tacqui, du Lac, du Clou aboutissent à la route d'Aoste; ces derniers passages sont plus rudes et plus pénibles.

Le col de la Golette ou de Rhèmes, de Tignes dans le val des Rhèmes. — De Galise, du val de Tignes à la vallée de Locana. — Du Mont de Val-Noir. — De Thermignon à Tignes : de là, on peut aller à Bourg-Saint-Maurice ou à Moûtiers. — De Lans-le-Bourg à Tignes par Lans-le-Villard, Bessans et Bonneval. — Du Mont Iseran. — De Bonneval à Tignes. — Du Mont-Sapey à Saint-Paul sur Isère ou Feissons-sous-Briançon; — De la Magdeleine à Aigueblanche par les Avanchers et Bellecombe. — De Saint-André à Saint-Jean de Belleville et Salins. — De Thermignon à Moûtiers par Antraigue, la Vanoise, Pralognan, Bozel, Brides-les-Bains. — De la à Tignes — pour le Faucigny col du Bonpar Saint-Maurice, Bonneval, le Chapiu, me de la Gorge.

se rendre dans l'arrondissement d'Al- — Passage de Saint-Thomas de Cœur à par Nâves et Arèches. — Le pas de la

Louse du Cormet. — Du Gollet, par la côte d'Ai et le val de Treicol. — Le Cormet de Roselend, qui se détache au Chapiu du col du Bonhomme, traverse les montagnes du Biolley et de Roselend aboutit, à Beaufort par le village Beaubois, — passage de la Bâthie à Arèches.

A la hauteur de 3,000 mètres au-dessus du niveau de la mer, la végétation cesse pour faire place aux neiges éternelles. Cette limite n'est cependant point invariable et peut-être plus ou moins élevée, suivant les circonstances dépendant de l'exposition, de la pente des monts, du voisinage des hauts sommets et de la quantité de neige tombée.

Le plus terrible des phénomènes des montagnes est l'avalanche. On appelle ainsi la chûte d'un amas de neiges ou de glaces, qui se détachant des hauts sommets se précipite dans la plaine avec un bruit semblable à celui du tonnerre, et renverse tout ce qui s'oppose à son passage, en entraînant avec elle les hommes et les bestiaux, les maisons, les villages et jusqu'à des forêts entières.

CHAPITRE XVI.

PRÉCITS HISTORIQUES.

Les écrivains les plus savants, ne sont pas d'accord entre eux sur un grand nombre de points.

Au commencement du cinquième siècle de l'ère chrétienne les barbares franchirent les frontières de l'empire romain — Vandales — Suèves, Alains envahissent la Gaule. Plusieurs villes de la Savoie sont saccagées. (406)

Les Burgaudes occupent la Tarentaise (456), Théodoric le Grand fonde en Italie les royaumes des Ostrogoths qui poussent leurs conquêtes jusqu'en Savoie et s'emparent de la Tarentaise. (534).

De Vitiges leur roi, elle passe à Gontran, roi

de Bourgogne (561). En 638 elle devient l'apanage de Clovis II. Elle échoit à Pepin le Bref (742).

Rodolphe 1er forme le second royaume de Bourgogne ; la Tarentaise en fait partie (888).

Les Sarrasins dévastent la Tarentaise (916). Ils sont bientôt suivis par les Hongrois (924). Nouvelles invasions de Sarrasins (942).

Bérold, lieutenant de Rodolphe III — origine présumée de la Maison de Savoie (1031).

Humbert 1er aux *Blanches Mains*, surnom très-rare, peut-être unique parmi les gouvernants ; il a été ratifié par l'histoire et la postérité ; il le mérita par la pureté de son administration.

Le premier domaine des princes de Savoie fut en Maurienne très-probablement autour des châteaux d'Hermillon et de Charbonnière. Son premier titre était un vice-comté et non point un comté.

Le royaume de Bourgogne est incorporé à l'empire d'Allemagne. Mais, poussés par le sentiment national et la haine contre les Allemands, leurs nouveaux maîtres, les gouverneurs, les comtes, les abbés des communautés religieuses, profitant de l'anarchie qui régnait dans l'empire, surtout de l'éloignement du siége de la puissance souveraine, secouèrent le joug des empereurs et devinrent de véritables potentats sur les terres dont ils étaient précédemment ou gouverneurs ou simples feudataires.

Les empereurs devenus impopulaires durent se résigner à ne considérer les provinces que comme un fief mouvant de l'empire; ils n'avaient qu'une autorité nominale sur ces petits vassaux; ce démembrement développa le système féodal, déjà en vigueur dans plusieurs contrées voisines.

Après les grands feudataires, les évêques de Genève, de Tarentaise, de Maurienne, les comtes de Genevois, les sires du Faucigny, les vicomtes de Maurienne, qui exerçaient l'autorité comme de véritables souverains, venaient les gentils hommes moins riches et moins puissants, qui placés diversément sur les degrés de la hiérarchie féodale, reconnaissaient la souveraineté des hauts et puissants seigneurs laïques ou ecclésiastiques. On compte parmi les grands feudataires, des seigneurs de tous grades, de tous rangs, de toutes conditions.

(1097) Date présumée de l'acquisition de la Tarentaise par la Maison de Savoie. Humbert II est appelé par Amizzo, archevêque de Tarentaise pour le défendre contre les entreprises du seigneur de Briançon, qu'il réduisit bientôt à la raison ; mais l'archevêque dut céder à son protecteur peu désintéressé une partie de ses domaines et de sa juridiction.

(1332) Emeute en Tarentaise. Aimon le Pacifique assiége et prend Moûtiers, rase les murailles, abat les portes et les tours, ne laissant aux archevêques qu'une souveraineté dérisoire.

La Savoie est érigée en Duché par l'empereur Sigismond, 19 février (1416).

Les Etats généraux sont réunis à Moûtiers, (1522).

(1630) Peste à Chambéry, Annecy, à Moûtiers et en Piémont.

Le duc de Savoie prend le titre d'*Altesse royale.*

(1713) Par le traité d'Utrecht, Victor-Amédée II est créé roi de Sicile.

(1720) Remise de l'île de Sardaigne à Victor-

Amédée II, par le prince Ottaiano, au nom de l'empereur, (8 août). Victor-Amédée II prend, dès lors, le titre de roi de Sardaigne.

La convention nationale par décret du 15 décembre 1792 députa pour organiser le département du Mont-Blanc, quatre commissaires, l'abbé Philibert, Simon de Rumilly, l'abbé Grégoires, Héraut-Séchelle et Jagot, qui par proclamation du 29 janvier 1793, l'an II de la République, divisèrent le département en sept districts, subdivisés en 84 cantons, 652 communes. Le district de Moûtiers comprenaient dix cantons.

PREMIER CANTON : Moûtiers, population 7309.

DEUXIÈME CANTON : Conflans population, 2995.

TROISIÈME CANTON : St-Maxime-de-Beaufort population 6736.

QUATRIÈME CANTON : Feissons-sous-Briançon, population 493.

CINQUIÈME CANTON : Saint-Jean de Belleville, population 3899.

SIXIÈME CANTON : Bozel, population 6330.

SEPTIÈME CANTON : Bellentre, population 3402.

HUITIÈME CANTON : Aime, population, 1792.

NEUVIÈME CANTON : Bourg - Saint - Maurice, population 4820.

DIXIÈME CANTON : Sainte-Foy, population 3539.

Le district de Moûtiers qui renfermait dix cantons et 71 communes était borné, au levant par une partie du Mont-Iseran, le Mont-Blanc, les montagnes du Petit-Saint-Bernard et les glaciers qui le séparent de la vallée d'Aoste ; au midi, par une autre partie du Mont-Iseran et les montagnes qui comprend la vallée de Tignes ; au couchant, par celles qui servent de confins au District de Saint-Jean de Maurienne ; au nord, par celles qui dominent les communes de Hauteluce, Villard - Beaufort, Queige et la rivière de l'Arly, depuis Mont-Gober jusqu'à l'Isère.

Sur le rapport de G. Romme, la convention, dans sa séance du 20 septembre 1793, adopta l'usage du nouveau calendrier. Les communes changèrent de nom; celle surtout qui portaient les noms des Saints. Elles empruntèrent leurs nouveaux noms tantôt à leur situation, tantôt aux produits de l'endroit, de manière à les faire concorder avec la géographie physique.

Moûtiers, *Mont-Salins* ; Saint-Marcel, *Mont-Marc* ; Hautecour, *Haute-Vallon* ; Bellecombe, *Le Torrent* ; (1) Saint-Oyen, *Prime-jour* ; Bonneval, *Bonnevallée* ; Feissons - sous - Briançon, *Les Cols* ; Saint-Thomas-de-Cœur, *Grand-Cœur* ; Saint-Eusèbe-de-Cœur, *Petit-Cœur* ; Aigueblanche, *Blanches-Eaux* ; Villargerel, *Sur-Vignes* ; Montagny, *Mont-Noir* (2) ; Feissons-sur-Salins, *Feissons* ; Notre - Dame - du-Pré, *Hauts - Prés* ; Conflans, *Roc-Libre* ; Venthon, *Ventose* ; Césarches, *Cap-d'Arly*, à cause de sa situation au confluent du Doron et de l'Arly ; Tours, *Cérisanne* ; Grignon, *Brumaire* ; Monthion, *des Chasseurs* ; Cevins, *La Roche* ; Bâthie, *Albine* ; Saint-Paul, *du Passage* ; Saint-Thomas, *Les Esserts* ; Rognaix, *Belle-Arête* ; Beaufort, *Mont-Grand* ; Hauteluce, *Prime-Luce* ; Queige, *Des*

(1) Bellecombe est placée au confluent du torrent *Morel* et de l'Isère.

(2) Il y existe des mines d'anthracite.

Ruisseaux; V'''ard, *Fertiline*; Saint-Jean de Belleville, *Côte-Marat*; Saint-Laurent-de-la-Côte, *des Ravins*; Saint-Martin, *Montalte*; Bozel, *Fructidor*; Allues, *Valmineval* (1); Saint-Bon, *Prairial*; Champagny, *Agreste*; Pralognan, *La Vanoise*; Aime, *Les Antiquités*; Macôt, *Riant-Coteau*; Tessens, *Mont-Vineux*; Bellentre, *Entrée-Belle*; Montvalezan-sur-Bellentre, *Cime-Bonne*; Saint-Amédée-de-la-Côte-Granier, *Côte-Belle-du-Granier*; Longefoy, *Cime-Belle*; Villette, *Marmorine*; Bourg-Saint-Maurice, *Narque-Sarde*; Chapelles, *des Sillons*; Hauteville-Gondon, *Pente-Rude*; Peisey, *Mont-d'Argent*; Séez, *Val-Joli*; Sainte-Foy, *Valamont*; Villaroger, *Roc-Vert*; Tignes, *Laval*.

Le général Montesquiou ayant pénétré en Savoie avec deux corps d'armée, le 24 septembre 1792, les troupes sardes se retirèrent sur les Alpes. Un camp fut formé sur le Petit St-Bernard; plusieurs escarmouches plutôt que combats importants marquèrent la période d'occupation

(1) Mine de plomb argentifère.

de la Tarentaise par l'armée française; le plus meurtrier fut celui du col de la Magdeleine. Les troupes sardes attaquèrent résolument un corps de trois mille hommes du haut de la montagne de Chevallenay, territoire de Saint-Jean de Belleville. De part et d'autre on était muni de pièces de campagne qui causèrent de grands ravages. Le détachement français ayant reçu de renforts de Moûtiers, les régiments sarde durent se retirer et traverser les Emcombres, pour se rendre à Saint-Jean de Maurienne.

L'armée Sarde ne tarda pas dévacuer le Petit-Saint-Bernard; le roi Victor-Emmanuel venait de signer le traité de Paris, par lequel il renonçait à perpétuité à tous ses droits sur la Savoie, (1er juin 1796).

CHAPITRE XVII.

CARACTÈRE DES HABITANTS DE LA TARENTAISE.
INSTITUTIONS. — INDUSTRIE.

Les habitants de la Tarentaise se sont toujours distingués par cet esprit de fièreté et d'indépendance qu'on retrouve chez les peuples montagnards; ils sont rebustes, actifs; les trois localités où l'on rencontrait quelques rachétiques comptent une fraîche et brillante population. Des eaux salubres amenées de loin, une aération très-pure ont opéré cette heureuse transformation. Les femmes se font remarquer par une finesse d'esprit, une aménité de caractère que savent apréciers tous les étrangers qui qui parcourent nos Alpes. « Les pays de plaine, a dit Volney, sont le siége de l'indolence et de l'esclavage, et les montagnes, la patrie de l'énergie et de la liberté, »

Comme germe de leur ancienne indépendance, bien que très-unis, les habitants de la Tarentaise ont conservé dans toutes les vallées des traditions différentes. Chaque village, chaque hameau, chaque groupe même d'habitations a un accent labial, guttural différent, des désinences, des inflexions distinctes, ici rapides, là traînantes.

L'instruction est très-répandue dans la Tarentaise, dit M. le Sous-Préfet Despine (1). On ne rencontre pas une commune qui n'ait une ou plusieurs écoles mixtes, ou de filles ou de graçons séparés. La plupart sont entretenuee par des revenus provenant d'anciennes fondations. L'école communale seule est exclusivement payée sur le budjet communal ou par les subventions de l'Etat et du département. Un grand nombre aussi de petites écoles, dites de quartiers, ont été fondées par des souscriptions

(1) Promenade en Tarentaise, Moûtiers, 1865.

particulières ; quelques-unes reçoivent une subvention du budjet communal.

Ces petites écoles durent de trois à quatre mois ; ce sont celles qui ont le plus d'élèves. Tous les habitants savent lire et écrire ; les exceptions sont rares. L'arrondissement compte 55 communes, quatre cantons, Moûtiers, Aime, Bourg-Saint-Maurice, Bozel. Population 39 mille; 87 paroisses. Vingt-cinq communes, cultivent la vigne.

Les principales industries se rattachent à l'élévage des bestiaux de la race bovine, classée parmi les races françaises et connue sous le nom de *Tarine* ou de *Tarentaise*; fabrication multiple de fromages de gruyère, commerce de cuivre vert, exportation de bêtes à cornes. L'agriculture prend chaque jour de développements remarquables. — Froment, seigle, orge, avoine, maïs, fèves, pois, pommes de terre, chanvre, lin etc. tout est cultivé avec méthode et intelligence. Les mûriers y prospèrent, mais dans des proportions restreintes.

Le cours de l'Isère est utilisé au flottage. La

propriété foncière a acquis une plus-value considérable. L'impôt est bien repartis; l'argent circule abondamment; ce qui mérite considération, il ne sort plus du pays. On ouvre, rectifie des routes nationales, départementales, vicinales, de bons chemins à charrettes; de faciles sentiers à mulets desservent les vallées les plus reculées; des voies ferrées sont mises à l'étude, l'arrondissement jouira bientôt de tous les avantages des départements les plus favorisés et les plus aimés.

Fin.

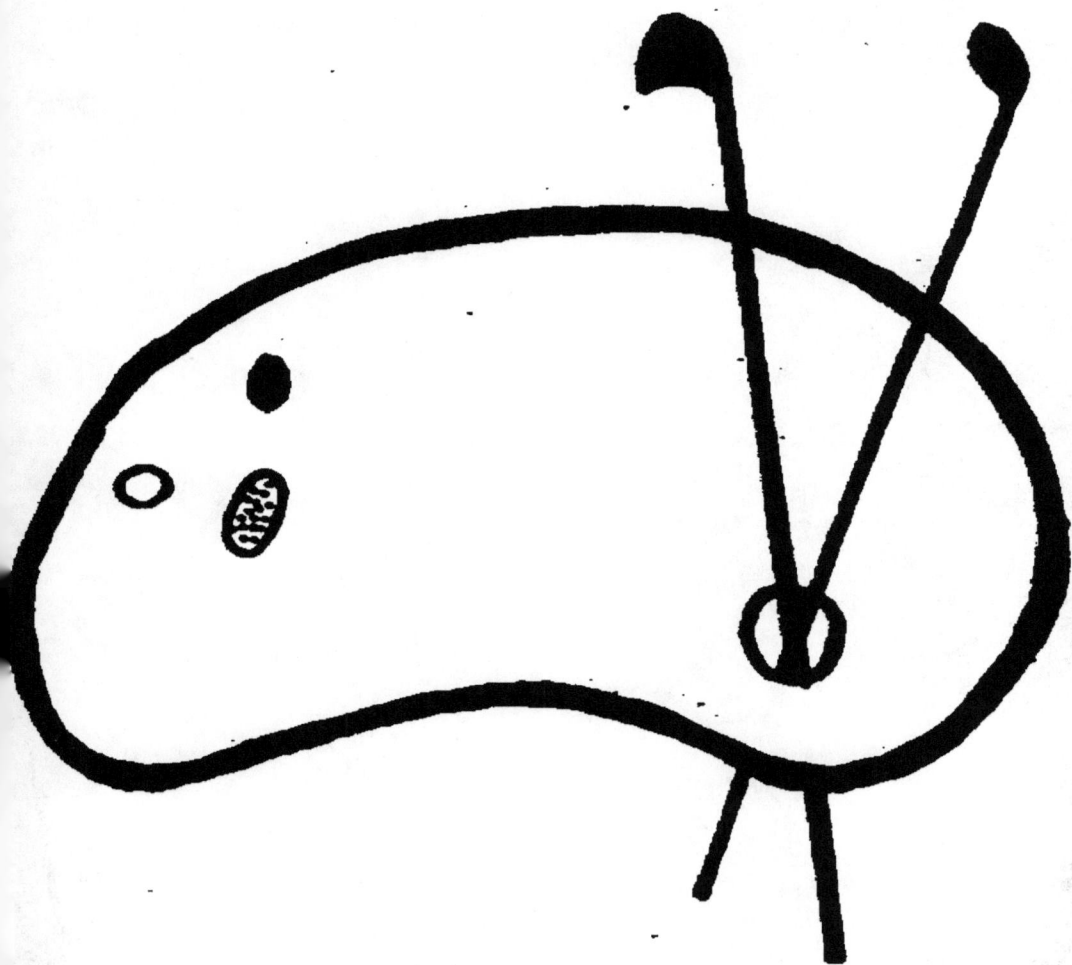

www.ingramcontent.com/pod-product-compliance
Lightning Source LLC
Chambersburg PA
CBHW072110090426
42739CB00012B/2917